Ganz kurz ein paar Hinweise:

Bitte lesen Sie primär nur den französischen Text
auf der Hauptzeile.
Bei Unklarheiten springen Sie runter
zur Übersetzungszeile.
Nicht die Übersetzungszeile im Fluss lesen!

Punktiert unterstrichene Wörter gehören zusammen.

Eine Zahl 1... zeigt an, dass zu dem Wort noch
ein zweites Wort ...1 dazugehört.

Text in eckigen Klammern [ ] = Anmerkung des Übersetzers.

Da ein Wort mehrere Bedeutungen haben kann, gilt:
Es ist diejenige Bedeutung angegeben, die das Wort
im vorliegenden Zusammenhang hat
(mit Tendenz zur Hauptbedeutung).

In Grenzfällen wurde die Praxisnähe bevorzugt
gegenüber wissenschaftlicher Genauigkeit.

Bibliografische Information der Deutschen Nationalbibliothek:

Die Deutsche Nationalbibliothek verzeichnet diese Publikation
in der Deutschen Nationalbibliografie.

Detaillierte bibliografische Daten sind im Internet abrufbar
über http://dnb.d-nb.de

Jean Fleury/Melanie Berl:
Jacques le voleur/Jacques, der Dieb
Lektüre zweisprachig, Französisch/Deutsch
WÖRTLICH ÜBERSETZT – jedes Wort einzeln –
auf eingefügter Zwischenzeile

Lesespaß ohne lästiges Nachschlagen!

Übersetzerin: Melanie Berl
Herausgeber: Harald Holder
Die Texte wurden an einigen Stellen behutsam dem Zweck angepasst.

ISBN: 978 – 3 – 94 33 94 – 19 – 1

Copyright Harald Holder 2013
Harald Holder Verlag, Augsburg

Druck und Bindung: Books on Demand GmbH, Norderstedt
Printed in Germany

www.holder-augsburg-zweisprachig.de

Table des matières
Verzeichnis der Inhalte

Jacques le voleur
Jacques, der Dieb

Une femme avait un fils qu'elle avait fort mal élevé. C'était un
Eine Frau hatte einen Sohn den sie hatte sehr schlecht erzogen Das war ein

fainéant et qui ne voulait rien faire. Quand il fut en âge de choisir un
Faulenzer und der nicht wollte nichts machen Als er war in Alter zu wählen einen

état, sa mère lui demanda ce qu'il voulait être.
Beruf seine Mutter ihn fragte das was er wolle [hier:] werden

- Je veux être voleur.
Ich will werden Dieb

- Bon Dieu! Bonne Vierge! Mais ce n'est pas là une profession!
Guter Gott Gütige Jungfrau [Maria] Aber das nicht ist [---] [---] ein Beruf

Je ne te permettrai jamais d'être un voleur.
Ich nicht dir werde erlauben niemals zu sein ein Dieb

- Eh bien! Allez consulter la bonne Vierge. Si elle dit comme
Na gut Gehen Sie befragen die gütige Jungfrau [Maria] Falls sie sagt wie

moi, il faudra bien que vous consentiez.
ich es wird sein müssen dass ihr zustimmt

il faut faire quelque chose = man muss etwas tun

- Soit, j'irai, dit-elle, et pas plus tard que tout de suite.
[hier:] Also gut ich werde gehen sagte sie und nicht später als sofort

pas plus tard que tout de suite = und zwar sofort

En la voyant se rendre à l'église, Jacques prit les devants par un
Als [er] sie sehend [hier:] gehen zu der Kirche Jacques nahm die Führung mit einem

prendre les devants = jemandem zuvorkommen

chemin de traverse et alla se cacher derrière l'autel. La bonne femme
Querfeldeinweg und ging sich verstecken hinter dem Altar Die gute Frau

arriva à l'église au moment où il y était déjà, et, après avoir
kam zu der Kirche in dem Moment wo er dort war schon und nachdem [sie] haben

fait ses prières devant l'autel de la Vierge :
gemacht ihre Gebete vor dem Altar von der Jungfrau

- Bonne Vierge, dit-elle, bonne Mère, indiquez-moi, je vous
Gütige Jungfrau sagte sie gute Mutter sagen Sie mir ich Sie

prie, ce que mon Jacques doit être.
bitte das was mein Jacques muss werden

- Voleur, répondit une voix qui venait de l'autel.
Dieb antwortete eine Stimme die kam von dem Altar

- Voleur! dit la brave femme étonnée. Mais vous n'y pensez pas,
Dieb sagte die gute Frau erstaunt Aber Sie nicht daran denken [---]

bonne Vierge, c'est un péché de voler! Dites-moi là, franchement
gütige Jungfrau das ist eine Sünde zu stehlen Sagen Sie mir hier ehrlich

et sans vouloir tromper une pauvre femme comme moi, ce que mon
und ohne wollen [zu] täuschen eine arme Frau wie mich das was mein

4

Jacques doit devenir.
Jacques soll werden

- Voleur, répéta le garçon, toujours caché. La pauvre femme se
Dieb antwortete der Junge [noch] immer versteckt Die arme Frau sich

retira consternée.
zurückzog bestürzt

Aussitôt qu'elle fut sortie de l'église, Jacques sortit aussi de
Gleich nachdem dass sie war hinaus gegangen von der Kirche Jaques ging hinaus auch von

sa cachette, il prit à travers champs, et sa mère, en arrivant, le
seinem Versteck er nahm querfeldein und seine Mutter ankommend ihn

prendre à travers champs = querfeldein gehen

trouva à la maison.
fand in dem Haus

- Eh bien! Mère qu'est-ce que la bonne Vierge vous a dit?
Na gut Mutter was ist das was die gütige Jungfrau Euch hat gesagt

- Que tu dois être un voleur.
Dass du sollst [hier:] werden ein Dieb

- Vous voyez donc bien qu'il faut que je sois un voleur, puisque la
Ihr seht also gut das es muss [sein] dass ich sei ein Dieb da die

bonne Vierge vous l'a dit; je pars demain.
gütige Jungfrau Euch es hat gesagt ich gehe weg morgen

Au bout de huit jours, il revint avec un sac, qu'il avait bien de la
An dem Ende von acht Tagen er kam zurück mit einem Sack den er hatte sehr [---]

peine à porter.
Mühe zu tragen

- Qu'est-ce que c'est que ce sac?
Was ist das was das ist [---] dieser Sack

- C'est une charge d'or que j'apporte.
Das ist eine Ladung von Gold die ich bringe

- Comment t'es-tu procuré cet ordre?
Wie dir bist du verschafft diese Ladung

- Vous saurez ça plus tard, mère; comme il n'y a pas chez nous de
Ihr werdet wissen das später Mutter; weil es nicht dort gibt bei uns [---]

mesure pour le mesurer, il faut aller en emprunter une aux voisins.
Waage um es [zu] wiegen man muss gehen zu leihen eine bei den Nachbarn

La mère y alla. Jacques mesura son trésor, tout seul, sans laisser
Die Mutter dorthin ging Jacques wog seinen Schatz ganz alleine ohne [zu] lassen

approcher sa mère. Il eut soin de mettre de la glu au fond de la
näher kommen seine Mutter Er hatte Sorgfalt zu geben [---] [---] Leim auf den Boden von der

mesure, et quand on la leur rendit après l'avoir secouée,
Waage und als man sie ihnen zurückbrachte nachdem [man] sie haben ausgeschüttet

les voisins trouvèrent au   fond une pièce d'or   oubliée. Les voisins
die Nachbarn   fanden   auf dem Boden ein   Stück von Gold vergessen Die Nachbarn

ne purent revenir   de leur étonnement de voir que Jacques
nicht konnten zurückkommen von ihrem   Erstaunen   zu sehen dass   Jacques
        ne revenir pas de leur étonnement = fassungslos sein

    s'est   enrichi assez vite pour mesurer ainsi l'or   et faire fi
sich [geworden] ist reich   so   schnell um [zu] wiegen so   das Gold und verschmähen

d'une pièce d'or   au point de l'oublier   au   fond de la mesure.
ein   Stück von Gold   so dass   es vergessen auf dem Boden von der Waage

Le récit de cette habileté se répandit rapidement. Le
Die Kunde von diesem Geschick sich verbreitete   schnell   Der

seigneur du village, qui en a entendu parler, fit venir Jacques.
Bürgermeister   der davon hat   gehört   reden   ließ kommen Jacques
    faire quelqu'un faire quelque chose = jemanden veranlassen etwas zu tun

- Tu as la réputation d'être un habile voleur? lui dit-il.
Du hast den Ruf   zu sein ein geschickter Dieb   er sagte [zu] ihm

- Dame! Je   commence. Ça ira   mieux plus tard.
    Na   Ich fange [gerade erst] an Das wird gehen besser   später

- Eh bien! Je veux te mettre à l'épreuve. On conduira demain une de
Na gut Ich will dich stellen auf die Probe Man wird führen morgen eine von

mes vaches à la foire pour la vendre.   J'avertirai   ceux qui
meinen Kühen zu dem Markt um sie [zu] verkaufen Ich werde benachrichtigen diejenigen die

la mèneront. Si malgré cela tu réussis à la voler, je te la donne.
sie werden bringen Falls trotz diesem du [es] schaffst zu sie stehlen ich dir sie gebe

- Merci, monsieur, la vache est à moi, je vous en réponds.
Danke mein Herr   die Kuh ist [---] mir ich Euch darauf antworte
        être à quelqu'un = jemanden gehören

On confia la vache à deux conducteurs,   après les avoir avertis
Man vertraute an die Kuh an zwei   Führer   nachdem [man] sie haben benachrichtigt

qu'on tâchera   de les voler.
dass man wird versuchen zu sie stehlen

- Un bon   averti   en vaut deux, dit le proverbe, répondit un
Ein gut informierter [Mann] [---] ist wert zwei sagt das Sprichwort antwortete einer
    Un bon averti en vaut deux = Gefahr erkannt, Gefahr gebannt

des conducteurs; nous serons sur nos gardes. L'un attacha une
von den Führern   wir werden sein auf unserem Posten Der eine befestigte ein
        être sur ses gardes = auf der Hut sein

corde aux cornes de la vache et se mit devant, l'autre prit en main
Seil an den Hörnern von der Kuh und sich stellte davor   der andere nahm in die Hand

la queue de la bête et se mit derrière. Il était difficile même
den Schwanz von dem Tier und sich stellte dahinter Es war   schwer   sogar

d'approcher de l'animal. Jacques ne s'en approcha pas. Les
 zu sich nähern zu dem Tier Jacques nicht sich ihm   näherte   [---] Die

6

conducteurs avaient à traverser un bois. Jacques alla se pendre à
Führer   hatten   zu durchqueren einen Wald   Jacques ging sich aufhängen an

l'un des arbres. Les conducteurs le regardèrent et ne le dépendirent
einem von den Bäumen Die   Führer   ihn   sahen an   und nicht ihn herunternahmen

pas. Ce fut lui qui se dépendit quand ils furent passés; puis
[---] Das war er [selbst] der sich abhängte   als   sie   waren vorbei [gegangen] dann

il courut bien vite à travers le bois, gagna le chemin par où devaient
er rannte sehr schnell quer durch den Wald erreichte den Weg   [---] wo mussten

passer les conducteurs de la vache et, un peu plus loin, ils
vorbeigehen die   Führer   von der Kuh und ein bisschen weiter [weg] sie [die Führer]

trouvèrent un autre pendu. C'était encore Jacques.
fanden   einen anderen Aufgehängten Das war wieder   Jacques

- C'est donc le sentier aux pendus par ici?
Das ist also der Pfad   der Gehängten [---] hier

Qu'est-ce que cela veut dire? dit un des paysans.
Was ist das was dies will [hier:] heißen sagte einer von den   Bauern

- Ce qu'il y a de plus curieux, dit l'autre, c'est que le second est
Das was [hier:] ist [---] mehr seltsam   sagte der andere das ist dass der Zweite   ist

tout à fait semblable au premier: même taille, mêmes vêtements.
ganz genau   gleich   wie   der Erste gleiche Größe   gleiche   Kleidung

Est-ce que nous aurions marché sur male herbe et serions revenus
Ob   wir   wären gegangen auf falschem Gras und wären   zurückgekommen
| marcher sur male herbe = falsch laufen |

au même endroit sans nous en apercevoir?
zu der gleichen Stelle ohne [dass] wir davon   merken

- Ça ne se peut pas; L'autre pendu était là-bas derrière nous.
Das nicht sich kann [sein] [---] Der andere Gehängte war dort unten hinter uns

- C'est drôle tout de même. Allons donc voir si l'autre est toujours à
Das ist lustig   trotzdem   Gehen wir also sehen ob der andere ist immer noch an

sa place. Ils attachèrent soigneusement la vache à un arbre et s'en
seinem Platz Sie befestigten   sorgfältig   die Kuh an einem Baum und [---]

allèrent tout doucement voir, sans pourtant la perdre de vue.
gingen ganz   behutsam   sehen ohne trotzdem sie verlieren aus Sicht
| ne pas perdre de vue = nicht aus den Augen lassen |

Plus de pendu! Pendant qu'ils cherchent à reconnaître l'endroit,
Kein [---] Gehängter [mehr] Während dass sie [hier:] versuchen zu wiedererkennen die Stelle

Jacques, qui les observe, se dépendit rapidement, coupa la corde qui
Jacques   der sie beobachtet sich hängte ab   schnell   schnitt das Seil   das

attacha la vache et se sauva avec. Quand les conducteurs revinrent,
befestigte die Kuh und flüchtete damit Als   die   Führer   zurückkamen

après s'être assurés que le premier pendu n'était plus à sa
nachdem [sie] sich sein versichert dass der erste   Gehängte nicht war mehr an seinem

place, ils s'aperçurent que le second avait disparu également. Mais
Platz sie merkten dass der Zweite war verschwunden ebenso Aber

la vache avait aussi disparu.
die Kuh war auch verschwunden

Le lendemain, Jacques alla trouver le seigneur.
Am nächsten Tag Jacques ging [hier:] sehen den Bürgermeister.

- La vache est à moi? lui demanda-t-il.
Die Kuh ist [---] mir er fragte ihn

- Sans doute, puisque tu as été assez subtil pour me la voler.
Ohne Zweifel da du hast gewesen genug scharfsinnig um mir sie [zu] stehlen

Mais je gage que tu ne me voleras pas ma jument. Je t'avertis qu'elle
Aber ich wette dass du nicht mir wirst stehlen [---] meine Stute Ich dich warne dass sie

sera bien gardée.
wird sein gut bewacht

- Vous me la donnerez si je vous la vole?
Ihr mir sie werdet geben falls ich euch sie stehle

- Certainement. Mais je suis sûr que tu ne me la voleras pas.
Ganz bestimmt Aber ich bin sicher dass du nicht mir sie wirst stehlen [---]

- Nous verrons.
Wir werden sehen

La jument était remise à la garde de trois hommes. Le premier
Die Stute war gegeben in die Wache von drei Männern Der erste

remettre à la garde = in Obhut geben

monta dessus, le second tint la crinière, le troisième tint la queue.
setzte sich darauf der zweite hielt fest die Mähne der dritte hielt fest den Schwanz

Celui qui était en selle était armé d'un fusil chargé. Un individu,
Derjenige der war im Sattel war bewaffnet mit einem Gewehr geladen Eine Person

habillé en mendiant, l'air souffreteux, s'approcha du trio.
gekleidet als Bettler das Aussehen kränklich sich näherte dem Trio

- Qu'est-ce que vous faites-là, braves gens?
Was ist das was ihr macht hier liebe Leute

- Nous gardons cette jument depuis ce matin. Il paraît qu'on doit
Wir bewachen diese Stute seit diesem Morgen Es scheint dass man soll

venir nous la voler, mais nous n'avons encore vu venir personne.
kommen uns sie stehlen aber wir nicht haben noch nicht gesehen kommen niemanden

- Il doit vous ennuyer là?
Es muss euch langweilen hier

- Dame! Ce n'est guère amusant. Si encore nous avions à boire!
Na ja Das nicht ist kaum unterhaltsam Falls noch wir hätten [wenigstens] zu trinken

- J'irai bien vous chercher du cidre au cabaret, leur dit le
Ich werde gehen gerne euch [hier :] holen von dem Cidre [Apfelwein] in der Schenke ihnen sagte der

curieux, si vous voulez me donner de l'argent.
Neugierige falls ihr wollt mir geben [---] das Geld

8

- Ce n'est pas de refus, brave homme.
Das nicht ist [---] [---] Weigerung lieber Mann
Ce n'est pas de refus = Da sagen wir nicht nein

On lui donna de l'argent et, quelque temps après, il revint
Man ihm gab von dem Geld und einige Zeit später er kam zurück

du cabaret avec une provision de cidre. Il y avait mêlé des
von der Schenke mit einem Vorrat von Cidre Er dort hatte untergemischt [---]

drogues assoupissantes, mais dans un des pots seulement. Ils lui
Schlafmittel aber in einen der Becher nur Sie ihm

offrirent de trinquer avec eux. Il accepta en se versant du cidre
anboten zu anstoßen mit ihnen Er nahm an indem [er] sich einschenkend von dem Cidre

qui n'était pas drogué, puis il fit semblant de s'éloigner. Les
der nicht war [---] mit [hier:] Schlafmittel dann er tat scheinend zu sich entfernen Die
faire semblant de faire quelque chose = so tun als ob

gardiens achevèrent de vider les deux pots et ne tardèrent pas à
Wachen tranken aus die zwei Becher und nicht zögerten [---] zu

s' endormir profondément. Jacques revint alors. La terre était molle. Il
sich einschlafen tief Jacques kam zurück also Die Erde war feucht Er

enfonça des piquets en terre en s'arrangeant de manière à leur faire
stach hinein [---] Pflöcke in [die] Erde [---] herrichtend so dass sie machen

soulever et soutenir la selle avec le cavalier; il coupa alors la bride
anheben und stützen den Sattel mit dem Reiter er schnitt durch also das Zaumzeug

du cheval, dégagea la queue et fit filer la bête, qu'il mit en
des Pferdes befreite den Schwanz und liess entwischen das Tier das er brachte in

sûreté. Quand les gardiens se réveillèrent, ils furent bien étonnés, l'un
Sicherheit Als die Wachen aufwachten sie waren sehr erstaunt der eine

de tenir la bride sans cheval, l'autre une poignée de crins, le
zu halten das Zaumzeug ohne Pferd der andere eine Handvoll [---] Rosshaar der

troisième de se sentir perché en l'air sur la selle, tandis que la jument
dritte [---] sich fühlen in der Höhe sitzend auf dem Sattel während dass die Stute

était partie.
war weg

Le lendemain, Jacques alla trouver le seigneur.
Am nächsten Tag Jacques ging [hier:] sehen den Bürgermeister

- J'ai la jument, lui dit-il.
Ich habe die Stute er sagte ihm

- Le tour est bien joué; mais tu me piques au jeu.
Die Partie ist gut gespielt aber du mich anstachelst für das Spiel
Le tour est bien joué = Die Runde geht an dich; se piquer au jeu = Gefallen an der Sache finden

On cuit du pain demain; je parie que tu ne le voleras pas dans le
Man backt [---] Brot morgen ich wette dass du nicht es wirst stehlen [---] [hier:] aus dem

four. - J'essaierai.
Ofen Ich werde [es] versuchen

9

Le pain était enfourné, six hommes le gardèrent: deux à la porte
Das Brot war in den Ofen geschoben sechs Männer es bewachten zwei an der Tür

de la boulangerie, deux à la gueule du four et deux plus loin pour
von der Bäckerei zwei an der Öffnung des Ofens und zwei weiter weg um

empêcher toute surprise. L'heure était venue de retirer le pain, on
[zu] verhindern jede Überraschung Die Stunde war gekommen zu herausholen das Brot man

détoupa le four; tout est intact, personne n'a quitté son poste, et
öffnete den Ofen alles ist unversehrt niemand nicht hat verlassen seinen Posten und

pourtant le four était vide. Jacques était parvenu à faire un trou au
trotzdem der Ofen war leer Jacques war [es] gelungen zu machen ein Loch in den

fond du four, et il en avait retiré par là tous les pains l'un après
Boden des Ofens und er [---] hatte herausgeholt von dort alle [---] Brote das eine nach

l'autre. Le seigneur fut obligé de le complimenter, mais il ne
dem anderen Der Bürgermeister war gezwungen zu ihn loben aber er nicht

renonça pas à la lutte.
aufgab [---] [---] den Kampf

- Voilà trois fois que tu m'affines, lui dit-il, mais tu ne m'affineras
Also drei Mal dass du mich hereinlegst er sagte ihm aber du nicht mich wirst hereinlegen

pas une quatrième. Je te défie de prendre les draps du lit où
[---] ein viertes [Mal] Ich dich herausfordere zu nehmen die Bettlaken des Bettes wo

je serai couché avec ma femme.
ich werde schlafen mit meiner Frau

- J'essaierai, dit Jacques.
Ich werde [es] versuchen sagte Jacques

La nuit suivante, le seigneur se coucha dans son lit, sa femme avec
Die Nacht nächste der Bürgermeister sich legte in sein Bett seine Frau mit

lui, et tous deux se crurent bien sûrs qu'on ne parviendra pas à les
ihm und alle zwei sich glaubten sehr sicher dass man nicht wird schaffen [---] zu ihnen

dépouiller des draps dans lesquels ils sont enveloppés.
berauben die Bettlaken in welche sie sind eingehüllt

Dans le gros de la nuit, ils étaient éveillés par un bruit à
In der Dicke von der Nacht sie waren geweckt von einem Lärm an
dans le gros de la nuit = mitten in der Nacht

leur fenêtre. Ils se dressèrent sur leur lit et aperçurent un homme en
ihrem Fenster Sie sich richteten auf auf ihrem Bett und bemerkten einen Mann mit

casquette qui avait l'air de faire des efforts pour entrer.
Helm der hatte das Aussehen zu machen [---] Anstrengungen um hereinzukommen

- C'est notre homme, se dit le seigneur.
Das ist unser Mann sich sagte der Bürgermeister

Il s'arma d'un bâton, ouvrit la fenêtre et frappa à tour de bras sur
Er sich bewaffnete mit einem Stock öffnete das Fenster und schlug mit voller Wucht auf

l'individu en casquette. Celui-ci tomba sans pousser un cri et,
das Wesen mit Helm Dieser fiel [hinunter] ohne ausstossen einen Schrei und

une fois à terre, resta complètement immobile.
einmal auf [dem] Boden [er] blieb vollkommen regungslos

La nuit n'était pas tout à fait sombre ; il faisait clair d'étoiles et l' on
Die Nacht nicht war [---] ganz und gar dunkel es [hier] war sternenklar und es man

voyait suffisamment pour distinguer les choses. Le seigneur s'effraya.
sah genug um [zu] unterscheiden die Dinge Der Bürgermeister sich erschrak

- L'aurais-je tué? pensa-t-il. Cela me ferait une mauvaise affaire.
Ihn hätte ich getötet dachte er Das mir würde machen eine schlechte Sache

Je n'aurais pas dû frapper si fort.
Ich nicht hätte [---] gedurft schlagen so fest

Il descendit pour voir ce qui en était. Un moment après il remonta.
Er ging hinunter um [zu] sehen das was [---] war Einen Moment später er kam wieder hoch

L'individu était bien mort; il l'a jeté au hasard, dans un
Das Wesen war [---] tot er es hat geworfen auf den Zufall in einen
| au hasard = aufs Geratewohl |

creux de fossé; il a mis des branches par-dessus. Demain on achèvera
Graben er hat gelegt [---] Zweige darüber Morgen man wird beenden

de le faire disparaître. Seulement, tout ce travail lui a donné
[---] ihn [hier :] lassen verschwinden Nur all diese Arbeit ihm hat gegeben

terriblement soif. Sa femme, qui était restée au lit à l'attendre, lui dit
furchtbar Durst Seine Frau die war geblieben im Bett auf ihn [zu] warten ihm sagte

qu'il y avait du vin et des confitures à un endroit qu'elle lui indiqua.
dass es dort gab [---] Wein und [---] Konfitüre an einer Stelle die sie ihm zeigte

Le seigneur chercha à l'endroit indiqué et ne trouva rien. Sa femme,
Der Bürgermeister suchte an der Stelle gezeigt und nicht fand nichts Seine Frau

impatientée, se leva pour lui donner ce dont il avait besoin. Quand ils
ungeduldig geworden stand auf um ihm [zu] geben dies wovon er hatte Bedarf Als sie
| avoir besoin de quelque chose = etwas brauchen |

revinrent tous deux à leur lit, les draps avaient disparu. Le prétendu
zurückkehrten alle zwei in ihr Bett die Bettlaken waren verschwunden Der angebliche

voleur qui s'était présenté à la fenêtre était un bonhomme fabriqué par
Dieb der sich war gezeigt an dem Fenster war ein Männchen angefertigt von

Jacques et tenu au bout d'un bâton. Pendant que le seigneur courait
Jacques und gehalten am Ende von einem Stiel Während dass der Bürgermeister lief

après, Jacques montait tout doucement jusqu'à la
hinterher [dem Männchen] Jacques stieg hinauf ganz vorsichtig bis in das

chambre à coucher. Comme on n'avait pas allumé de chandelle, il lui
Schlafzimmer Da man nicht hatte [---] angezündet [---] Kerze es ihm

était facile de se dissimuler, et, dès que la dame eut quitté le lit, il
war leicht zu sich verstecken und sobald die Frau hatte verlassen das Bett er

sauta sur les draps et disparut en les emportant.
sprang auf die Bettlaken und verschwand [---] sie mitnehmend

11

- C'est supérieurement joué, lui dit le seigneur le lendemain;
Das ist außergewöhnlich [gut] gespielt ihm sagte der Bürgermeister am nächsten Tag

mais je finirai par mettre tes subtilités à bout.
aber ich werde [das Ganze damit] beenden [zu] stellen deine Scharfsinnigkeit auf [die] Spitze

mettre à bout = etwas auf die Spitze treiben

Voyons, j'ai demain du monde à dîner, une société de chasseurs;
Sehen wir, ich habe morgen [hier :] Leute zum Abendessen eine Gesellschaft von Jägern

je te défie d'enlever tout ce qui sera sur la table, pain, viande, vin
ich dich herausfordere zu stehlen alles das was wird sein auf dem Tisch Brot Fleisch Wein

et tout. - J'essaierai, dit Jacques.
und alles Ich werde [es] versuchen sagte Jacques

Le lendemain, la table était servie, les convives étaient rangés
Am nächsten Tag der Tisch war [hier:]gedeckt die Gäste [hier :] saßen

alentour. Jacques ne s'est pas encore montré.
ringsumher Jacques [---] sich war noch nicht gezeigt

Tout à coup on entendit un grand bruit dans le parc. Les chiens
Plötzlich man hörte einen großen Lärm in dem Park Die Hunde

aboyèrent, les domestiques crièrent. C'était toute une compagnie de
bellten die Haustiere schrien Das war eine ganze Schar von

lièvres qui détala. Personne n'y tint plus,
Hasen die sich aus dem Staub machte Niemand nicht [es] dort hielt mehr

tout le monde voulut voir. Jacques, qui a lâché les lièvres et les chiens,
alle Welt wollte sehen Jacques der hat befreit die Hasen und die Hunde

était aux aguêts à l'entrée de la salle. Pendant que tout le monde se
war auf der Lauer am Eingang von dem Saal Während dass alle Welt sich

pressa aux fenêtres, il prit subitement la nappe par les quatre coins
presste an die Fenster er nahm plötzlich die Tischdecke bei den vier Ecken

et s'enfuit avec tout ce qu'il trouva dedans. Quand les convives
und flüchtete mit allem das was sich befand darin Als die Gäste

voulurent se remettre à table, plus de dîner.
wollten sich wieder setzen zu Tisch kein Abendessen [mehr]

- Eh bien! demanda Jacques, le lendemain, au seigneur, ai-je
Also gut fragte Jacques am nächsten Tag den Bürgermeister habe ich

gagné, oui ou non?
gewonnen ja oder nein

- Tu es un habile voleur, certainement; j'ai à te proposer
Du bist ein geschickter Dieb zweifellos ich habe zu dir vorschlagen

encore un tour, plus difficile que tous les autres, et, cette fois, tu en
noch eine Runde mehr schwer als all die anderen und dieses Mal du [---]

seras pour tes frais.
wirst sein für deine Kosten

tu en seras pour tes frais = es wird auf deine Kosten gehen

12

- Dites toujours, monsieur.
Sagen Sie immer   mein Herr

dites toujours! = sagen Sie schon!

- Je te défie   de voler tout l'argent de mon frère, le curé. Il
Ich dich herausfordere zu stehlen alles das Geld von meinem Bruder dem Pfarrer Er

tient singulièrement à son argent, mon frère, je t'en   avertis. La
hängt außerordentlich an seinem Geld   mein Bruder ich dich davor warne Die

tâche sera rude.
Aufgabe wird sein schwer

-J'aurai   plus de mérite si je réussis.
Ich werde haben mehr [---] Verdienst falls ich [es] schaffe

Jacques se revêtit secrètement d'un costume d'ange, puis il se glissa
Jacques sich verkleidete heimlich mit einem Engelskostüm dann er schlüpfte

dans l'église à un moment où il n'y avait encore personne et se cacha
in die Kirche in einem Moment wo [---] nicht dort war noch niemand und sich versteckte

derrière l'autel. Le curé arriva. Le custos aussi. On alluma les
hinter dem Altar Der Parrer kam Der Kirchendiener auch Man zündete an die

cierges; le curé était en habits sacerdotaux.
Kerzen der Pfarrer war im Priestergewand

Jacques profita d'un moment où l'église était encore vide pour
Jacques nutzte einen Moment wo die Kirche war noch leer um

s'avancer vers le curé.
sich zu nähern dem Pfarrer

- Monsieur le curé, lui dit-il, Dieu vous appelle à lui et il m'envoie
Herr [---] Pfarrer ihm er sagte Gott Euch ruft zu ihm und er mich schickt

vous chercher. Mais il veut que vous emportiez ce que vous avez
euch suchen Aber er will dass Ihr mitbringt das was Ihr habt

de plus cher au monde, votre argent.
das Wertvollste auf der Welt euer Geld

Le curé avait caché son argent dans l'église même, dans une cachette
Der Pfarrer hatte versteckt sein Geld in der Kirche gleich in einem Versteck

qu'il était seul à connaître. Il alla le chercher et le remit entre les
das er war allein zu kennen Er ging es [hier:]holen und es übergab [hier:]in die

mains de Jacques, transformé en ange.
Hände von Jacques verkleidet als Engel

- Ce n'est pas tout, lui dit l'ange. Il y a encore un sac que vous avez
Das nicht ist [---] alles ihm sagte der Engel Es gibt noch einen Sack den ihr habt

confié à votre custos, prenez-le aussi.
anvertraut an euren Kirchendiener nehmt ihn auch

Le curé se fi apporter le sac.
Der Pfarrer [hier :] ging holen den Sack

- Maintenant, suivez- moi, reprit l'ange.
Jetzt folgen Sie mir fuhr fort der Engel

13

Il le fit monter dans le clocher. En bas, l'escalier était assez
Er ihn liess steigen auf den Kirchturm Unten die Treppe war genug

commode, mais à mesure que l'on monta il devint plus étroit et
[hier :] breit aber nach und nach dass man sie hochstieg sie wurde mehr schmal und

même dangereux. Le prêtre hésita.
ebenso gefährlich Der Prieser zögerte

- Il faut bien souffrir pour aller en paradis, lui disait l'ange.
Man muss [hier:] sehr wohl leiden um [hier :] zu gelangen ins Paradies ihm sagte der Engel

On arriva à un endroit où nichaient des pigeons appartenant au curé.
Man kam an eine Stelle wo nisteten die Tauben gehörend zum Pfarrer

La servant était venue y ranger quelque chose.
Die Messdienerin war gekommen [um] dort aufräumen etwas

- Tiens! Te voilà, Marotte! lui dit le prêtre. Où penses-tu être
Da Siehst du [hier:] Mädel ihr sagte der Priester Wo denkst du [zu] sein

maintenant? - Dans le colombier.
jetzt In dem Taubenschlag

- Tu te trompes, Marotte; nous sommes en paradis.
Du dich irrst Mädel wir sind im Paradies

La marotte n'en veut rien croire. Le curé essaya de lui prouver qu'elle
Das Mädel nicht davon will nichts glauben Der Pfarrer versuchte zu ihr beweisen dass sie

se trompe. Pendant qu'ils se disputèrent, l'ange s'esquiva et l'argent
sich irrt Während dass sie sich stritten der Engel sich wegstahl und das Geld

s'esquive avec lui. Jacques se dépouilla de ses ailes, courut chez le
sich wegstahl mit ihm Jacques sich entkleidete von seinen Flügeln rannte zu dem

seigneur et lui montra les sacs.
Bürgermeister und ihm zeigte die Säcke

- Conviendrez-vous, cette fois, que je suis un habile voleur? lui
Zugebt Ihr dieses Mal dass ich bin ein geschickter Dieb ihn

demande-t-il.
fragte er

- Si habile, lui dit le seigneur, que je t'engage à quitter le pays;
So geschickt ihm sagte der Bürgermeister dass ich dich auffordere zu verlassen das Land

sans cela, je serais obligé de te faire pendre, et j'en aurais regret.
ohne das ich werde sein gezwungen zu dich lassen erhängen und ich davon hätte Bedauern

Jacques ne se le fit pas dire deux fois; il quitta le pays et,
Jacques nicht sich es ließ [---] sagen zwei Mal er verließ das Land und

depuis lors, il circule par le monde.
seitdem er ist unterwegs in der Welt

Le Langage des bêtes
Die Sprache der Tiere

Un homme avait un fils très intelligent; il voulut le faire instruire
Ein Mann hatte einen Sohn sehr intelligent er wollte ihn [hier:]lassen unterrichten

en toutes choses et l'envoya à l'école. Au bout de trois mois, il lui
in allen Sachen und ihn schickte zu der Schule Am Ende von drei Monaten er ihn

demanda s'il faisait des progrès.
fragte ob er mache [---] Fortschritt

- Oui, dit-il, j'apprends le langage des chiens et je le sais
Ja sagte er ich lerne die Sprache der Hunde und ich sie kann

suffisamment.
ausreichend

Le père se fâcha. Le langage des chiens! Ce n'est pas pour cela que je
Der Vater sich ärgerte Die Sprache der Hunde Das nicht ist [---] für dies das ich

t'ai envoyé à l'école. Je veux que tu apprennes quelque chose de
dich habe geschickt in die Schule Ich will dass du lernst etwas [---]

plus utile. Il l'envoia chez un autre maître. Au bout de trois mois,
mehr nützlich Er ihn schickte [hier:] zu einem anderen Lehrer Am Ende von drei Monaten

il alla le trouver.
er ging ihn [hier:] besuchen

- Eh bien! Tu t'instruis comme il faut?
Na gut Du dich bildest wie es muss [sein]

- Oui, mon père, je me suis bien appliqué et je sais le langage des
Ja mein Vater ich mich bin gut bemüht und ich weiß die Sprache der

grenouilles.
Frösche

- Comment! C'est à cela que tu passes ton temps?
Wie Das ist [---] das [mit] was du verbringst deine Zeit

Après l'avoir bien grondé de ne s'appliquer qu'à des choses
Nachdem ihn haben gut geschimpft zu nicht sich bemühen [hier:]außer für die Sachen

ne faire que... = nichts anderes tun als... / nichts tun außer...

inutiles, le père l'envoya chez un autre maître. Au bout de trois mois, il
unnützlich der Vater ihn schickte zu einem anderen Lehrer Am Ende von drei Monaten er

alla s'informer de nouveau.
ging sich informieren von Neuem

-Eh bien! Qu'apprends-tu maintenant?
Na gut Was lernst du jetzt

- Mon père, je me suis bien appliqué et je sais maintenant le langage
Mein Vater ich mich bin gut bemüht und ich weiss jetzt die Sprache

des oiseaux.
der Vögel

- C'est trop fort! dit le père, je ne veux plus entendre parler de toi,
Das ist zu stark sagte der Vater ich nicht will mehr hören reden von dir

15

tu me fais honte, et je te tuerai pour te punir de ton
du mir machst Schande und ich dich werde töten um dich bestrafen [hier:] für deine

obstination.
Sturheit

La mère intercéda pour lui, mais le père était inflexible. Il alla
Die Mutter sich einsetzte für ihn aber der Vater war [hier:]unnachgiebig Er ging

trouver un voisin, un pauvre homme. Voilà douze cents
[hier:] besuchen einen Nachbarn einen armen Mann Hier zwölf hundert

francs, lui dit-il, je te les donne, si tu veux tuer un fils qui me fait
Franc [Währung] er sagte ihm ich dir sie gebe falls du willst töten einen Sohn der mir macht

honte. Emmène-le loin et me rapporte son coeur, cet argent est
Schande Bring ihn weit [weg] und mir bring sein Herz dieses Geld ist

pour toi. Le voisin ne se souciait pas de se charger de cette
für dich Der Nachbar nicht war bestrebt [---] zu sich kümmern [hier:]um diese

commission; mais il était pauvre, il avait besoin d'argent, il finit par
Aufgabe aber er war arm er brauchte Geld er endete mit

finir par faire qc = schliesslich doch etwas tun

consentir.
zustimmen

Il emmena le jeune garçon dans un bois, bien loin, bien loin, sous
Er brachte den jungen Bub in einen Wald sehr weit sehr weit [weg] unter

prétexte d'un petit voyage d'agrément, mais arrivé là, il n'eut pas
Vorwand von einer kleinen Vergnügungsreise aber angekommen dort er nicht hatte [---]

le courage de le tuer, il lui avoua tout. Le jeune homme fut bien
den Mut zu ihn töten er ihm gestand alles Der junge Mann war sehr

étonné que son père eût donné un tel ordre et il protesta.
erstaunt dass sein Vater hatte gegeben einen solchen Befehl und er protestierte

-Promettez-moi de ne jamais revenir, lui dit le voisin, je dirai à
Versprecht mir zu nicht niemals wiederkommen ihm sagte der Nachbar ich werde sagen zu

votre père que je vous ai tué, et je lui porterai le coeur d'une bête
eurem Vater dass ich euch habe getötet und ich ihm werde bringen das Herz von einem Tier

en lui disant que c'est le vôtre.
[---] ihm sagend dass das ist das eure

Il s'agita seulement de trouver la bête. Un lièvre passa en ce moment.
Es ging darum nur zu finden das Tier Ein Hase lief vorbei in diesem Moment

On chercha à l'attraper. Impossible. On aperçut une biche, elle était
Man versuchte zu ihn fangen Unmöglich Man bemerkte eine Hirschkuh sie war

prise, on l'a tué, et le voisin emporta son coeur pour le montrer
gefangen man sie hat getötet und der Nachbar brachte ihr Herz um es [zu] zeigen

au méchant père.
dem bösen Vater

- Maintenant, éloignez-vous du pays au plus vite !
Jetzt entfernt euch aus dem Land schnellstmöglich

16

Le jeune homme remercia le voisin charitable; il lui promit de ne
Der junge   Mann   dankte   dem Nachbarn barmherzig   er ihm versprach zu nicht

jamais le compromettre en attendant qu'il pût   le récompenser,
niemals ihn   verraten   [---]   wartend   dass er konnte ihn   belohnen
en attendant que = so lange, bis

et il se dirigea à travers le bois du   côté opposé à la maison
und er sich machte auf quer durch den Wald von der Seite gegenüber von dem Haus

paternelle. En chemin, il rejoignit deux prêtres qui suivaient la même
elterlichen Auf dem Weg   er   traf   zwei Priester die folgten   der gleichen

direction. La conversation   s'engagea.
Richtung   Die Unterhaltung   sich einstellte [begann]

- Où allez-vous donc de ce   pas, Messieurs?
Wohin geht   ihr   also mit diesem Schritt   meine Herren
Où allez-vous de ce pas? = Wohin des Weges?

- Nous allons à Rome. Et vous?
Wir   gehen nach Rom   Und Ihr

- Oh moi, je n'en   sais rien. Je vais   où Dieu me conduira.
Ach ich   ich nicht davon weiss nichts Ich gehe wo[hin] Gott mich wird führen

- Mais où comptez-vous passer la nuit?
Aber wo beabsichtigt   ihr   verbringen die Nacht

- Dans le bois probablement. Je ne connais personne dans le pays et je
In   dem Wald wahrscheinlich Ich nicht kenne   niemanden in   dem Land und ich

n'ai   pas d'argent.
nicht habe [---]   Geld

- Il y a   dans le voisinage une maison où nous savons qu'on nous
Es dort gibt in der Nachbarschaft ein Haus   wo wir   wissen dass man uns

donnera l'hospitalité. Venez avec nous.
wird geben die Gastfreundschaft Kommt mit   uns

- Ce n'est pas de refus,   Messieurs, si vous voulez bien me prendre
Das nicht ist [---] [---] Weigerung meine Herren falls ihr   wollt   gut mich nehmen
ce n'est pas de refus = da sage ich nicht nein

sous votre protection.
unter euren   Schutz

Arrivés   à la   maison hospitalière, les deux prêtres présentèrent leur
Angekommen in dem Gästehaus   die zwei Priester vorstellten   ihren

compagnon.   - Lui permettez-vous de coucher ici?
[Reise-]Gefährten Ihm erlaubt ihr   zu schlafen hier

- Avec plaisir.
Mit   Vergnügen

On soupa, puis on assigna une chambre au jeune homme, en lui
Man aß zu Abend dann man teilte zu ein Zimmer zu dem jungen Mann [---] ihm

recommandant bien de souffler sa chandelle aussitôt qu'il sera
ratend   gut zu ausblasen seine Kerze   sobald dass er wird sein

couché.
im Bett liegend

- Je crains le feu, lui dit son hôte.
Ich fürchte das Feuer ihm sagte sein Gastgeber

La soirée était belle. Une fois dans sa chambre, le jeune homme se
Der Abend war schön Ein Mal in seinem Zimmer der junge Mann sich
une fois dans sa chambre = sobald er in seinem Zimmer war

mit à la fenêtre en bénissant Dieu de l'avoir arraché à un si grand
stellte an das Fenster [---] preisend Gott [---] ihn haben bewahrt vor einer so großen

danger et de lui avoir procuré un bon gîte. Il entenda alors les chiens
Gefahr und [---] ihm haben verschafft eine gute Unterkunft Er hörte also die Hunde

qui causèrent entre eux, leur conversation l'intéressa et il oublia de
die sich unterhielten unter sich ihre Unterhaltung ihn interessierte und er vergaß zu

souffler sa chandelle. Le maître de la maison qui vit cette lumière se
ausblasen seine Kerze Der Herr von dem Haus der sah dieses Licht sich

fâcha.
ärgerte

- Comment! Ce jeune homme n'est pas couché ! Sa chandelle brûle
[Aber] Wie Dieser junge Mann nicht ist [---] im Bett Seine Kerze brennt

encore! Marianne, va voir ce que cela signifie.
noch Marianne geh [nach]sehen das was dies bedeutet

Marianne monta à la chambre du jeune homme. - Monsieur n'est
Marianne ging hoch in das Zimmer von dem jungen Mann Mein Herr nicht ist

pas content, lui dit-elle, que vous ayez de la lumière. Pourquoi ne vous
[---] zufrieden ihm sagte sie dass Ihr habt [---] das Licht Warum nicht Ihr

couchez-vous pas?
geht ins Bett [---]

- J'écoute les chiens de la cour qui ont entre eux une conversation
Ich höre [zu] den Hunden von dem Hof die haben zwischen ihnen eine Unterhaltung

très intéressante.
sehr interessant

Marianne éclata de rire et alla retrouver son maître.
Marianne platzte vor Lachen und ging wiederfinden ihren Herrn

- Nous avons affaire à un drôle de personnage, lui dit-elle. Il
Wir haben Angelegenheit mit einer witzigen [---] Person ihm sie sagte Er
avoir affaire à quelqu'un = es mit jemanden zu tun haben

prétend qu'il écoute la conversation des chiens, et que cette
gibt vor dass er hört die Unterhaltung der Hunde und dass diese

conversation est très intéressante...
Unterhaltung ist sehr interessant

- Des chiens! C'est donc un fou. Dis-lui de venir.
Der Hunde Das ist also ein Verrückter Sag ihm zu kommen

L'inconnu descenda. - Vous écoutez les chiens, jeune homme? Eh
Der Unbekannte kam herunter Ihr hört zu den Hunden junger Mann Na

18

bien que disent les chiens? **- Les chiens se disent entre eux que leur**
gut was sagen die Hunde Die Hunde sich sagen unter sich dasss ihr

maître court un grand danger et qu'ils ne peuvent rien faire pour
Herr läuft eine große Gefahr und dass sie nicht können nichts machen für

l'en défendre. Des voleurs ont creusé un souterrain par lequel
ihn davor [zu] verteidigen [---] Diebe haben ausgehoben einen unterirdischen Gang durch den

ils doivent entrer dans la cave. Comme les chiens sont enchaînés, les
sie sollen hereinkommen in den Keller Da die Hunde sind angekettet die

voleurs auront tout le temps de faire leur mauvais coup et de s'en
Diebe werden haben all die Zeit zu machen ihren schlechten Zug und zu davon

retourner par le même chemin. Le maître de la maison avait
zurückkehren durch den selben Weg Der Herr von dem Haus hatte

commencé par rire, mais il ne riait plus. A tout hasard, il envoya
angefangen zu lachen aber er nicht lachte mehr Zu jedem Zufall er schickte

à tout hasard = für alle Fälle

chercher les gendarmes, puis on alla explorer la cave. On reconnut
[hier :] holen die Polizisten dann man ging untersuchen den Keller Man wiedererkannte

le trou dont les chiens avaient parlé, on s'embusqua, on éteignit la
das Loch wovon die Hunde hatten gesprochen man lauerte [ihnen] auf man machte aus das

s'embusquer = sich in den Hinterhalt legen

lumière et on attenda. Les voleurs ne tardèrent pas à apparaître par le
Licht und man wartete Die Diebe nicht zögerten [---] zu erscheinen durch das

trou qu'ils ont pratiqué. Ils étaient quatre et munis d'une lanterne
Loch das sie haben gemacht Sie waren vier und ausgestattet mit einer Laterne

sourde. Les gendarmes les laissèrent sortir, et quand ils
[hier :] mit trübem Licht Die Polizisten sie ließen durchgehen und als sie

vurent qu'il n'en vint pas d'autres, ils se mettèrent à l'entrée du
sahen dass nicht kamen [---] andere sie sich stellten an den Eingang von dem

qu'il n'en vint pas d'autres = dass nicht noch mehr von ihnen kamen

trou pour les empêcher de s'échapper, les arrêtèrent et les
Loch um sie [zu] hindern zu entkommen, [die Polizisten] sie aufhielten und sie

emmenèrent. On remercia vivement le jeune homme du service qu'il
mitnahmen Man dankte lebhaft dem jungen Mann für den Dienst den er

a rendu; on lui fit accepter une récompense, après quoi il se
hat geleistet man ihn ließ annehmen eine Belohnung nach welcher er sich

rendre service à quelqu'un = jemandem helfen

mit en route avec ses compagnons.
[hier :] machte auf den Weg mit seinen [Reise-]gefährten

On marcha, on marcha tout le jour. Quand la nuit arriva, on se trouva
Man marschierte man marschierte den ganzen Tag Als die Nacht ankam man sich befand

à l'entrée d'un bois. - Vous ne pouvez pas rester dans ce bois
an dem Eingang von einem Wald Ihr nicht könnt [---] bleiben in diesem Wald

pendant la nuit, lui disent les deux prêtres. Nous connaissons une
während der Nacht ihm sagten die zwei Priester Wir kennen ein

maison dans le voisinage. Venez avec nous, nous vous présenterons.
Haus   in der Nachbarschaft Kommt mit uns   wir euch werden vorstellen

- Ce n'est pas de refus, Messieurs.
Das nicht ist [---] [---] Weigerung meine Herren

On arriva à la maison hospitalière, on le présenta, il était bien
Man kam an ein Gästehaus   man ihn vorstellte er war gut

accueilli; on soupa, on lui assigna une chambre, on lui laissa
aufgenommen man aß zu Abend man ihm zuteilte ein Zimmer man ihm [über]ließ

une chandelle allumée, en lui conseillant de se coucher bien vite et
eine   Kerze   angezündet [---] ihm ratend zu sich schlafen legen sehr schnell und

de la souffler aussitôt. Comme la nuit précédente, il se mit à la
zu sie ausblasen sobald   Wie die Nacht vorhergehend er sich stellte an das

fenêtre, il y resta longtemps et oublia de souffler sa chandelle.
Fenster er dort blieb lange Zeit   und vergaß zu ausblasen seine Kerze

- Gertrude, allez voir pourquoi ce jeune homme a encore de la
  Gertrude gehen Sie sehen warum dieser junge Mann hat noch [---] das

lumière, dit le maître de la maison à une servante. Gertrude monta,
 Licht   sagte der Herr von dem Haus zu einer Bediensteten Gertrude ging hinauf

elle trouva le jeune homme à la fenêtre. - Monsieur vous envoie
sie fand den jungen Mann an dem Fenster   Der Herr euch schickt [mich]

demander pourquoi vous ne soufflez pas votre chandelle.
[euch] fragen warum   Ihr nicht ausblast [---] eure Kerze

- J'écoute ce que disent les grenouilles qui sont dans le fossé.
  Ich höre das was sagen die Frösche welche sind in dem Graben

Gertrude éclata de rire comme avait fait Marianne et alla raconter
Gertrude platzte vor Lachen wie hatte getan Marianne und ging erzählen

cela à son maître. On pria le jeune homme de descendre.
dies [---] ihrem Herrn Man bat den jungen Mann zu herunterkommen

- Comment! lui dit le maître de la maison, au lieu de vous reposer,
  Wie   ihm sagte der Herr von dem Haus an der Stelle von Euch ausruhen

vous vous amusez à écouter ce que disent les grenouilles! Est-ce que
Ihr euch amüsiert mit zuhören das was sagen die Frösche   Ob

vous comprendriez leur langue, par hasard? - Je la comprends, en
ihr würdet verstehen ihre Sprache [hier:] etwa Ich sie verstehe in der

effet, dit sérieusement le jeune homme. - Eh bien! Que
Tat sagte ernsthaft der junge Mann   Na gut Was

disent-elles? - Elles disent que votre fille est devenue muette.
sagen sie   Sie sagen dass Ihre Tochter ist geworden stumm

- Elle est muette, en effet. - Oui; mais vous ne savez pas pourquoi
  Sie ist stumm in der Tat   Ja aber Ihr nicht wisst [---] warum

et les grenouilles le savent. - Elles savent pourquoi ma fille est
und die Frösche es wissen   Sie wissen warum meine Tochter ist

20

muette! Les médecins n'y comprennent rien. — Comment le
stumm Die Ärzte nicht davon verstehen nichts Wie es

sauraient-ils ? Votre fille est muette, à ce que disent les grenouilles,
wüssten sie Eure Tochter ist stumm [---] das was sagen die Frösche
Comment le sauraient-ils ? = Woher sollten Sie es auch wissen ?

parce que le jour de sa première communion, elle a laissé tomber à
weil [an] dem Tag [---] ihrer ersten Kommunion sie hat gelassen fallen zu

terre une partie de l'hostie. Une grenouille l'a ramassée, elle l'a
Boden ein Stück von dem Opferbrot Ein Frosch es hat aufgehoben sie [Frosch] es hat

encore dans la bouche, et tant qu'elle ne l'aura pas rendue, votre
noch in dem Mund und solange sie nicht es wird haben [---] zurückgegeben Ihre

fille restera muette. - Vous m'apprenez-là de drôles de choses!
Tochter wird bleiben stumm Ihr mir lernt hier [---] lustige [---] Sachen

Enfin nous examinerons demain les grenouilles. Le lendemain, dès
Schießlich wir werden untersuchen morgen die Frösche Am nächsten Tag bereits

le matin, on alla battre le fossé. Toutes les grenouilles sortirent.
am Morgen man ging durchkämmen den Graben Alle die Frösche kamen heraus

On en remarqua une plus grosse que les autres. On pensa que
Man von ihnen bemerkte einen mehr dick als die anderen Man dachte dass

c'était celle-là probablement qui a ramassé la partie de l'hostie
das war dieser dort wahrscheinlich der hat aufgehoben das Stück von dem Opferbrot
celle-là = eigentlich diese dort, da Frosch im Französischen weiblich ist: la grenouille

tombée à terre.
gefallen zu Boden

Un des prêtres s'approcha d'elle et lui dit de rendre la partie de
Einer von den Priestern sich näherte ihm und er sagte zu zurückgeben das Stück von

l'hostie qu'elle garda. La grenouille n'a pas l'air d'entendre.
dem Opferbrot das er aufbewahrte Der Frosch nicht hat. [---] das Aussehen zu zuhören

Le second prêtre lui adressa la même demande. La grenouille
Der zweite Priester [an] ihn richtete die selbe Frage Der Frosch

le regarda avec ses gros yeux et ne donna rien. Un troisième
ihn ansah mit seinen großen Augen und nicht gab nichts Ein dritter

prêtre qui se trouvait là tenta la même épreuve et ne réussit pas
Pfarrer der sich befand dort versuchte die selbe [hier:] Aufgabe und nicht hatte Erfolg [---]

davantage. Le jeune homme essaya à son tour, en parlant à la
mehr Der junge Mann versuchte seinerseits [---] sprechend zu dem

grenouille la langue qu'elle comprit. La grenouille lui rendit le
Frosch die Sprache die er verstand Der Frosch ihm zurückgab das

fragment d'hostie, et la jeune fille recouvra la parole.
Stück von Opferbrot und das junge Mädchen wiedererlangte das Wort

Le jeune homme fut fêté, choyé, comme vous pensez. On voulait le
Der junge Mann war gefeiert umsorgt wie ihr denkt Man wollte ihn

retenir; mais les deux prêtres ayant annoncé leur intention de
zurückhalten aber die zwei Priester habend angekündigt ihre Absicht zu

continuer leur voyage, il se décida à partir avec eux. Le voyage fut
fortsetzen ihre Reise er sich entschied zu aufbrechen mit ihnen Die Reise war

long, mais il n'offrit pas d'autre incident digne d'intérêt. En
lang aber es nicht bot [sich] [---] ein anderer Zwischenfall würdig von Interesse [---]

arrivant à Rome, les trois voyageurs apprirent que le pape était mort
ankommend in Rom die drei Reisenden [hier:] erfuhren dass der Papst war tot

et qu'il s'agita de lui donner un successeur. Les prêtres
und dass es sich handelte von ihm geben einen Nachfolger Die Priester

s'empressèrent de rejoindre leurs confrères. Quant au jeune homme,
sich beeilten zu [sich] anschließen ihren Kollegen Hinsichtlich dem jungen Mann
quant à quelqu'un / quelque chose... = was jemanden / etwas betrifft...

que cette élection intéressa peu, il alla se promener tout seul sous les
den diese Wahl interessierte wenig er ging spazieren ganz alleine unter den

arbres. Les arbres étaient pleins d'oiseaux et les oiseaux causaient sur
Bäumen Die Bäume waren voll von Vögeln und die Vögel redeten über

les affaires du jour. Ce qu'il entendit l'étonna fort; mais il n'en dit
die Sachen des Tages Das was er verstand ihn erstaunte sehr aber er nicht davon sagte

rien à ses compagnons de voyage lorsqu'il se retrouva avec eux le
nichts zu seinen Reisegefährten als er sich wiederfand mit ihnen am

soir. Pour eux, ils ne désespéraient pas d'être élus l'un ou l'autre.
Abend Für sie sie nicht verzweifelten [---] zu sein gewählt der eine oder der andere
ne désespérer pas que... = die Hoffnung nicht aufgeben, dass...

- Si je suis nommé pape, disait l'un au jeune homme, je te fais
Falls ich bin ernannt Papst sagte der eine zum jungen Mann ich dich mache [zu]

mon décrotteur. - Et mois je te fais mon courrier, disait l'autre.
meinem Schuhputzer Und ich, ich dich mache [zu] meinem Laufburschen sagte der andere

Le jeune homme ne répondait rien, mais il savait à quoi s'en tenir.
Der junge Mann nicht antwortete nichts aber er wusste an was sich halten

Le lendemain, les candidats à la papauté se réunirent dans un jardin;
Am nächsten Tag die Kandidaten für das Papstamt sich versammelten in einem Garten

le jeune homme y entra avec eux. Une portion du ciel (un nuage)
der junge Mann dort hineinging mit ihnen Ein Stück vom Himmel eine Wolke

devait s'abaisser sur celui que Jésus voudrait choisir pour gouverner
sollte sich absenken über demjenigen den Jesus würde wollen wählen um zu führen

son église. Au moment voulu, on vit en effet une portion du ciel
seine Kirche In dem Moment gewollt man sah tatsächlich ein Stück vom Himmel

s'abaisser. Elle passa sur la tête du premier prêtre, elle passa
sich absenken Sie [die Wolke] zog hinweg über den Kopf vom ersten Priester sie zog hinweg

sur la tête du second et elle se posa sur la tête du jeune homme. On
über den Kopf vom zweiten und sie sich legte über den Kopf vom jungen Mann Man

reconnut ainsi la volonté de Dieu, et le jeune homme fut proclamé
erkannte so den Willen von Gott und der junge Mann war ausgerufen

pape. Les oiseaux l'avaient instruit de ce qui l'attendait lorsqu'il était
Papst Die Vögel ihn hatten informiert über das was ihn erwartete als er war

allé se promener seul sous les arbres.
gegangen spazieren allein unter den Bäumen

Retournons à ses parents. La pauvre mère était morte de chagrin de
Kommen wir zurück zu seinen Eltern Die arme Mutter war gestorben von Kummer zu

voir que son mari dans un accès de colère déraisonnable avait fait
sehen dass ihr Ehemann in einem Anfall von Wut unvernünftig hatte [hier:]gelassen

tuer leur unique enfant. Lui-même regrettait profondément ce qu'il
töten ihr einziges Kind Er selbst bedauerte zutiefst das was er

avait fait. Personne ne l'avait dénoncé à la justice, mais le remords le
hatte getan Niemand nicht ihn hatte angezeigt vor dem Gericht aber das Schuldgefühl ihn

tourmentait. Il résolut de s'en ouvrir à un prêtre, et il alla se
plagte Er beschloss zu sich öffnen einem Priester und er ging [---]

confesser. Le confesseur lui déclara qu'il ne pouvait l'absoudre d'un
beichten Der Beichtvater ihm erklärte dass er nicht wollte ihn freisprechen von einer

si gros péché et l'engagea à s'adresser à l'évêque. Le père alla trouver
so großen Sünde und ihn bat zu sich wenden an den Bischof Der Vater ging finden

l'évêque; mais celui-ci refusa également de l'absoudre et
den Bischof aber dieser dort sich weigerte genauso zu ihn freisprechen [von den Sünden] und

lui dit de s'adresser au pape. Il se décida à aller à Rome; il y arriva
ihm sagte zu sich wenden an den Papst Er sich entschied zu gehen nach Rom er dort ankam

un jour de fête et demanda à parler au pape. On lui répondit qu'on
[an] einem Festtag und fragte zu sprechen mit dem Papst Man ihm antwortete dass man

ne parle pas ainsi à Sa Sainteté. Il insista. Le pape entendit
nicht spricht [---] [einfach] so mit Seiner Heiligkeit Er bestand [darauf] Der Papst hörte

l'altercation et intervint. Il reconnut très bien son père, mais il n'en
den Wortwechsel und griff ein Er wiedererkannte sehr gut seinen Vater aber er nicht davon

témoigna rien et lui dit de se confesser à un prêtre romain.
berichtete nichts und ihm sagte zu beichten zu einem Priester römischen

Le père se rendit en effet au confessionnal. Il s'accusa de son
Der Vater sich wandte tatsächlich zum Beichtstuhl Er sich gab die Schuld an seinem

crime, dont il avait un profond repentir. Le confesseur lui dit que,
Verbrechen von dem er hatte eine tiefe Reue Der Beichtvater ihm sagte dass

pour première pénitence, il devait donner tout son bien à celui
als erste Buße er musste geben all sein Vermögen demjenigen

qu'il avait engagé à commettre un meurtre sur la personne de son
den er hatte engagiert zu begehen einen Mord an der Person von seinem

fils, et qu'il devait lui-même se retirer dans un cloître. Le père
Sohn und dass er musste er selbst sich zurückziehen in ein Kloster Der Vater

consentit à tout. On lui conseilla alors de s'adresser au pape qui
stimmte zu zu allem Man ihm riet also zu sich wenden an den Papst der

pouvait seul lui donner   l'absolution.
konnte   allein ihm geben   die Absolution [Vergebung]

Il se rendit au confessionnal du pape. Celui-ci le vit tellement affligé
Er sich wandte zum   Beichtstuhl   des Papstes Dieser dort ihn sah dermaßen   betrübt

qu'il lui pardonna.   - Votre fils n'est pas mort, lui dit-il. Il occupe
dass er ihm   vergab   Euer Sohn nicht ist [---] tot   ihm sagte er Er nimmt ein

un haut rang dont il vous est même redevable. Si vous
einen hohen Rang   den er euch [---] selbst   verdankt   Falls Ihr
être redevable à quelqu'un d'un service = jemanden für seine Hilfe zu Dank verpflichtet sein

n'aviez pas été si cruel pour lui, il ne serait pas aujourd'hui souverain
nicht hättet [---] gewesen so grausam zu ihm er nicht wäre [---] heute   höchster

pontife. Embrassez-moi, mon père!
Kirchenfürst   Umarmt mich   mein Vater

Le Pays des Margriettes
Das Land der   Margeriten

Il y avait une fois un roi et une reine qui n'avaient pas d'enfants, mais
Es dort hatte ein   Mal ein König und eine Königin die   nicht hatten [---] Kinder   aber
Il y avait une fois... = Es war einmal...

qui tenaient beaucoup en   avoir. A la fin il leur en vint un. On
die   hingen   sehr   zu eines [Kind] haben Am Ende es ihnen [---] kam eines Man
tenaient beaucoup en avoir = ihnen lag viel daran, eines zu haben

célébra le baptême avec une grande solemnité. Toutes les fées du
feierte die   Taufe   mit   einer großen   Feierlichkeit Alle   die Feen von der

voisinage y furent invitées, mais l'une d'elles, qu'on avait oubliée, se
Nachbarschaft dorthin waren eingeladen   aber die eine von ihnen die man hatte vergessen sich

vengea en donnant à l'enfant un visage de singe. Toutefois, cette
rächte [---] gebend [---] dem Kind ein Gesicht des Affen   Jedoch   diese

difformité ne devait durer que jusqu'à son mariage et quinze jours
Missgestalt nicht sollte dauern als   bis zu   seiner Hochzeit und fünfzehn Tage
ne... jusqu'à = nicht länger als, nur so lange bis...; quinze jours = vierzehn Tage bzw. zwei Wochen

après. Le roi et la reine étaient au désespoir; on attendait avec
danach Der König und die Königin waren in der Verzweiflung man erwartete mit

impatience le moment où on pourrait le marier.
Ungeduld   den Moment wo man   könnte ihn verheiraten

Ce moment arriva enfin… Enfin, pour les parents, car le prince n'y
Dieser Moment kam schließlich Endlich für die Eltern   da der Prinz nicht darin

mettait pas d'empressement, sachant que sa figure de singe n'était
legte [---] Übereifer   wissend dass sein Gesicht des Affen   nicht war
ne montrer pas de l'empressement à faire quelque chose = nicht eifrig bemüht sein, etwas zu tun

guère propre à le faire aimer. Ses parents, qui tenaient beaucoup à le
kaum tadellos um ihn zu lieben   Seine Eltern die   hielten   viel   um ihn

24

voir   changer de figure, lui remirent une orange.   - Tu la donneras
[zu] sehen ändern   von Gesicht ihm   gaben   eine Orange   Du sie wirst geben

à   celle   des filles du pays qui te conviendra le mieux. Puis le roi fit
zu demjenigen der Mädchen vom Land die   dir   passt   am besten   Dann der König ließ

battre par le tambour de ville que toutes les filles à marier eussent à se
schlagen [---] die   Trommel der Stadt dass   alle die Mädchen zu verheiraten hätten   zu sich

présenter devant le palais, pour que le prince pût se choisir une épouse
vorzeigen   vor   dem Palast   damit   der Prinz könnte sich aussuchen eine   Ehefrau

entre elles. Les jeunes filles n'étaient pas trop contentes, les riches
unter ihnen Die jungen Mädchen nicht waren   [---] [all]zu erfreut,   die Reichen

surtout,   à   l'idée   d'avoir pour mari un homme à tête de singe,
vor allem,   über den Gedanken zu haben als Gatten einen Mann   mit Kopf des Affen

comme   était le fils du roi. Mais il n'y avait rien à faire. Il
ebenso [wenig erfreut] war der Sohn des Königs Aber er nicht dort hatte nichts zu machen Er

fallait obéir.   Elles   arrivèrent donc toutes dans la cour du
musste gehorchen Sie [die Mädchen] kamen   also   alle   in   den Hof des

palais. Le prince les passa en revue;   celles devant lesquelles il avait
Palastes Der Prinz   sie inspizierte [im Vorbeigehen] diejenigen vor   denen   er hatte

passé   sans leur donner l'orange, se sauvèrent bien vite,
vorbeigegangen ohne ihnen [zu] geben die Orange   flüchteten   sehr schnell

heureuses d'être débarrassées. Le prince, qui lisait ce sentiment sur les
glücklich   zu sein   aussortiert   Der   Prinz   der las dieses Gefühl   in ihren

visages, refusa   de choisir entre elles et les congédia toutes.
Gesichtern sich weigerte zu wählen zwischen ihnen und sie   entließ   alle

Cela ne faisait l'affaire ni du roi ni de la reine, puisque ainsi, leur
Dies nicht machte die Sache weder des Königs noch der Königin   da   so   ihr
faire l'affaire de quelqu'un = jemandem passen

fils courait risque de rester singe toute sa vie. Comme ils lui faisaient
Sohn rannte Risiko zu bleiben Affe sein ganzes Leben Als sie ihm machten

des remontrances, deux militaires amenèrent une jeune fille, une
[---] Ermahnungen   zwei Soldaten   brachten   ein junges Mädchen eine

pâtoure, fort mal habillée, qui n'avait pas osé   désobéir au roi en
Schafhirtin sehr schlecht gekleidet die nicht hatte [---] gewagt sich wiedersetzen dem König indem

ne se montrant pas, mais s'était dissimulée derrière un arbre pour
nicht sich zeigend   [---] aber sich hatte   versteckt   hinter einem Baum um

n'être pas aperçue. On la dénonçait comme s'étant soustraite à
nicht sein [---] bemerkt Man sie klagte an   weil sich seiend entzogen [---]

l'ordre qui avait été donné à toutes les filles du pays.
dem Befehl der hatte gewesen gegeben an alle   die Mädchen vom Land

Le prince la regarda; il n'y avait dans ses yeux ni dégoût ni dédain.
Der Prinz sie ansah es nicht dort gab in ihren Augen weder Abscheu noch Verachtung

Il y avait de la modestie et de la sympathie. Son regard semblait dire:
Es dort gab [---] Bescheidenheit und [---] Sympathie Ihr Blick schien [zu] sagen

Je ne suis pas digne que le prince me choisisse, mais je le plains et je
Ich nicht bin [---] würdig dass der Prinz mich wähle aber ich ihn bedauere und ich

me sens toute disposée à l'aimer. Le prince lui donna l'orange.
mich fühle ganz bereit zu ihn lieben Der Prinz ihr gab die Orange

Il fallut la décrasser d'abord. On lui fit prendre un bain, on lui
Man musste sie gründlich waschen zuerst Man sie ließ nehmen ein Bad man ihr

donna une belle robe de princesse, des colliers, des chaînes d'or. Ses
gab ein schönes Kleid von Prinzessin [---] Halsketten [---] Ketten von Gold Ihre

compagnes ne l'auraient pas reconnue; mais elle avait toujours ce
Gefährten nicht sie hätten [---] wiedererkannt aber sie hatte immer diesen

doux et bon regard qui avait séduit le prince au premier abord. Il
süßen und guten Blick der hatte bezaubert den Prinzen auf den ersten Blick Er

accepta avec joie cette charmante épouse. On fit une noce solennelle,
akzeptierte mit Freude diese charmante Ehefrau Man machte eine Hochzeit feierlich

une belle noce. Il n'y avait personne qui ne se mît aux portes pour
eine schöne Hochzeit Es nicht dort gab niemanden der nicht sich stellte an die Türen um

la voir passer.
sie sehen vorbeigehen

La jeune femme aurait été la plus heureuse des femmes, n'eût été
Die junge Frau hätte gewesen die glücklichste von den Frauen nicht hätte gewesen

le visage de son mari; il était empressé, attentif du reste, elle sentait
das Gesicht von ihrem Mann er war eifrig bemüht aufmerksam im Übrigen sie fühlte

qu'elle l'aimait beaucoup, mais elle l'eût aimé encore bien davantage
dass sie ihn liebte sehr aber sie ihn hätte geliebt noch viel mehr

sans sa figure de singe. Quand il était couché la nuit auprès d'elle
ohne sein Gesicht des Affen Als er war schlafen gelegt in der Nacht neben ihr

dans l'obscurité, il lui semblait qu'il n'avait plus cette affreuse figure.
in der Dunkelheit es ihr schien dass er nicht hatte mehr dieses schreckliche Gesicht

Une nuit, elle n'y tint plus, elle résolut de s'en assurer. Elle se leva
Eine Nacht sie nicht dort hielt mehr sie beschloss zu sich davon versichern Sie sich erhob

tout doucement, nu-pieds, alla chercher une bougie, et sûre que son
ganz vorsichtig barfuß ging suchen eine Kerze und sicher dass ihr

mari dormit, elle le regarda. C'était le plus beau prince du monde. Elle
Mann schlief sie ihn ansah Das war der schönste Prinz der Welt Sie

n'aurait jamais osé rêver tant de beauté et de grâce dans un mari.
nicht hätte niemals gewagt [zu] träumen [von] soviel Schönheit und [---] Anmut in einem Ehemann

Dans sa joie elle fit un mouvement; une goutte brûlante de bougie
In ihrer Freude sie machte eine Bewegung ein Tropfen heiß von [der] Kerze

26

tomba sur la figure du prince, il se réveilla. **- Malheureuse! lui dit-il,**
fiel auf das Gesicht des Prinzen er wachte auf Du Unglückliche ihr sagte er

je n'avais plus que quinze jours de pénitence à faire et j'aurais toujours
ich nicht hatte mehr als vierzehn Tage [---] Buße zu machen und ich wäre immer

été tel que tu me vois. **Ta curiosité nous fait bien du mal à tous**
gewesen wie du mich [jetzt] siehst Deine Neugier uns macht viel [---] Übel [---] allen

faire du mal à quelqu'un = jemandem schaden

deux. Maintenant il faut absolument que je parte. **- Il faut que tu**
zwei Jetzt es muss sein unbedingt dass ich weggehe Es muss sein dass du

partes? Où vas-tu donc? **- Dans le pays des Margriettes. Adieu.**
weggehst Wohin gehst du also In das Land der Margeriten Leb wohl

- Et tu ne m'emmènes pas? **- Non, tu ne peux pas me suivre.**
Und du nicht mich mitnimmst [---] Nein du nicht kannst [---] mir folgen

Il partit donc, mais sa jeune femme ne pouvait plus vivre sans lui, et
Er ging weg also aber seine junge Frau nicht konnte mehr leben ohne ihn und

un beau jour elle se mit en route pour aller le rejoindre au pays des
einen schönen Tag sie sich machte auf den Weg um zu gehen ihn treffen im Land der

Margriettes.
Margeriten

Mais elle ne savait pas de quel côté était ce pays. Elle rencontra
Aber sie nicht wusste [---] in welcher [hier:] Richtung war dieses Land Sie traf

une vieille petit bonne femme toute courbée et appuyée sur son
eine alte kleine gute Frau ganz gekrümmt und gestützt auf ihren

bâton. **- Ma bonne dame, ne pourriez-vous pas me dire où se trouve**
Stock Meine gute Dame nicht könnt ihr [---] mir sagen wo sich befindet

le pays des Margriettes? **- Ma pauvre petite, ce doit être loin, bien**
das Land der Margeriten Meine arme Kleine das muss sein weit sehr

loin, car je n'en ai jamais entendu parler. Mais, tenez, voilà trois
weit denn ich nicht davon habe niemals gehört reden Aber nehmt hier drei

noisettes; quand vous aurez besoin de quelque chose, cassez-les, cela
Haselnüsse wenn ihr werdet haben Bedarf von etwas knackt auf sie dies

avoir besoin de quelque chose = etwas brauchen

pourra vous servir.
wird können euch helfen

La jeune femme remercia la vieille et poursuivit son chemin. Après
Die junge Frau dankte der Alten und setzte fort ihren Weg Nachdem

avoir marché bien longtemps encore, elle rencontra une autre vieille.
haben gegangen sehr lange noch sie traf eine andere Alte

- Pourriez-vous m'enseigner le pays des Margriettes, ma bonne dame?
Könnten Sie mir zeigen das Land der Margeriten meine gute Dame

- Ma chère petite, je ne connais pas ce pays-là. Il faut qu'il soit
Meine liebe Kleine ich nicht kenne [---] dieses Land da Es muss sein dass es sei

bien loin, bien loin, car je n'en ai jamais entendu parler. Mais
sehr weit sehr weit denn ich nicht davon habe niemals gehört reden Aber

prenez ces trois noix-là. Cela pourra vous servir, seulement ne les
nehmt diese drei Walnüsse hier Dies wird können euch helfen nur nicht sie

cassez qu'en cas de besoin. La jeune femme remercia la vieille et
aufknackt als im Fall von Bedarf Die junge Frau dankte der Alten und

ne...qu'en cas de... = lediglich, wenn...

continua son chemin. Mais il y avait bien longtemps qu'elle marchait.
setzte fort ihren Weg Aber [hier:] es war sehr lange dass sie wanderte

A un certain moment, elle se sentit lasse et s'assit sur le bord d'une
An einem bestimmten Moment sie sich fühlte müde und sich setzte an den Rand von einer

haie. Une bonne femme qui passait par là, lui dit: - Vous avez
Hecke Eine gute Frau die vorbeiging [---] dort ihr sagte Ihr habt

l'air bien fatiguée. Vous venez de loin, sans doute? - Oh oui!
das Aussehen sehr müde Ihr kommt von weit ohne Zweifel Oh ja

De bien loin. Je voudrais aller au pays des Margriettes. Ne
Von sehr weit Ich möchte gehen ins Land der Margeriten Nicht

pourriez-vous pas m'indiquer le chemin? - Non, lui répondit la
könntet Ihr [---] mir zeigen den Weg Nein ihr antwortete die

vieille. Je ne sais pas ce que c'est que le pays ou vous voulez aller.
Alte Ich nicht weiß [---] was das ist [---] das Land wohin Ihr wollt gehen

Mais prenez toujours ces trois marrons. Cela pourra vous servir.
Aber nehmt [hier:] immerhin diese drei Maronen Dies wird können Euch helfen

Ces trois vieilles étaient les fées protectrices de la jeune femme;
Diese drei Alten waren die Feen beschützenden von der jungen Frau

seulement elle n'en savait rien. Elle remercia la vieille, et voulut
nur sie nicht davon wusste nichts Sie dankte der Alten und wollte

reprendre son chemin à travers la forêt, mais elle était si fatiguée, si
wieder aufnehmen ihren Weg quer durch den Wald aber sie war so müde so

fatiguée, qu'elle ne savait plus mettre un pied devant l'autre.
müde dass sie nicht wusste mehr setzen einen Fuß vor den anderen

Le soir, elle aperçut une chaumière où il y avait du feu. Elle se
Am Abend sie bemerkte eine strohgedeckte Hütte wo es dort hatte [---] Feuer Sie sich

diriga de ce côté. Une vieille femme était assise devant la porte.
wandte in diese Richtung Eine alte Frau war sitzend vor der Tür

- Je n'en puis plus de fatigue. Ne pourriez-vous pas me permettre de
Ich nicht kann mehr vor Müdigkeit Nicht könntet Ihr [---] mir erlauben zu

me reposer chez vous et d'y coucher? - Certainement, ma brave
mich erholen bei euch und zu hier schlafen Sicherlich meine gute

femme. Entrez, et reposez-vous.
Frau Kommt herein und ruht aus euch

On lui servit une bonne soupe, on lui donna un bon lit.
Man ihr servierte eine gute Suppe man ihr gab ein gutes Bett

- Dormez bien et reposez-vous, lui dit la vieille. Vous reprendrez
Schlaft gut und erholt euch ihr sagte die Alte Ihr werdet wiederaufnehmen

votre route demain matin. La pauvre jeune femme tombait de
Euren Weg morgen früh Die arme junge Frau fiel zu

tomber de sommeil = zum Umfallen müde sein

sommeil, elle s'endormit tout de suite. Le lendemain on lui demanda
Schlaf sie einschlief sofort Am nächsten Tag man sie fragte

où elle allait. - Au pays des Margriettes. Savez-vous où c'est?
wohin sie ging Ins Land der Margeriten Wissen Sie wo das ist

- Non, mais mon cochon le sait. Il y va souvent, et revient
Nein aber mein Schwein es weiß Es dorthin geht oft und kommt wieder

chargé de toutes sortes de choses précieuses. Seulement il part tout
beladen mit allen Arten von Sachen wertvoll Nur es geht los ganz

seul le matin, tantôt à une heure, tantôt à une autre, et l'on ne peut
allein am Morgen mal zur einen Zeit mal zu einer anderen und es man nicht kann

savoir d'avance à quel moment précis il fera le voyage.
wissen vorher zu welchem Moment genau es wird machen die Reise

- Eh bien! Mettez-moi à coucher avec votre cochon. Quand il
Also gut Legt mich zu schlafen mit eurem Schwein Wenn es

bougera, je m'éveillerai et je le suivrai.
sich wird bewegen ich mich werde wecken und ich ihm werde folgen

On lui dit que cela n'est pas raisonnable. On l'engagea à se coucher
Man ihr sagte dass dies nicht ist [---] vernünftig Man sie bat zu sich schlafen legen

dans un bon lit, la vieille l'éveillera le lendemain. La jeune voyageuse
in einem guten Bett die Alte sie wird wecken am nächsten Tag Die junge Reisende

s'obstina. Il fallait céder à la fin. On lui fit un lit avec de la paille
blieb stur Man musste nachgeben am Ende Man ihr machte ein Bett mit [---] Stroh

fraîche; elle se coucha sans se déshabiller et s'endormit, mais d'un
frisch sie sich schlafen legte ohne sich ausziehen und einschlief aber mit einem

oeil seulement. Dans le haut de la nuit, elle entendit le cochon qui
Ohr nur In der Höhe von der Nacht sie hörte das Schwein das

s'éveille, se secoua et s'en alla en faisant: tron! tron! La jeune femme
sich weckte sich schüttelte und losging [---] machend oink oink Die junge Frau

sortit avec lui; elle le suivit, et de bon matin, ils arrivèrent devant un
ging mit ihm sie ihm folgte und [hier:] am frühen Morgen sie kamen an vor einem

magnifique château ou tout plein de gens allaient et venaient,
wunderschönen Schloss wo [hier :] unheimlich viele [---] Leute gingen und kamen

comme s'il s'y passait quelque chose d'extraordinaire.
wie als ob es sich dort passierte etwas Außergewöhnliches

Elle aperçut une petite pâtoure et engagea la conversation avec elle.
Sie bemerkte eine kleine Schafhirtin und leitete ein die Unterhaltung mit ihr

- Ma petite, ne pourriez-vous me dire ce que c'est que ce château et ce
Meine Kleine nicht könntet Ihr mir sagen das was das ist [---] dieses Schloss und das

qu'on y va faire? - Madame, c'est le château des Margriettes; et la
was man dort geht machen Meine Dame das ist das Schloss der Margeriten und das

demoiselle va se marier avec un jeune et beau prince qui est arrivé
Fräulein geht sich verheiraten mit einem jungen und schönen Prinzen der ist angekommen

ici il n'y a pas longtemps. - Si c'était mon mari? pensa-t-elle.
hier es nicht hat [---] lange Zeit Falls das war mein Mann dachte sie

Il n'y a pas longtemps = vor nicht langer Zeit

- Veux-tu changer d'habits avec moi, ma petite? - Oh! Madame, ne
Willst du tauschen Kleider mit mir meine Kleine Oh Meine Dame nicht

vous moquez pas de moi. - Je ne me moque pas, je parle
euch macht lustig [---] über mich Ich nicht mich mache lustig [---] ich spreche

sérieusement. Veux-tu troquer tes habits contre les miens?
ernsthaft Willst du tauschen deine Kleider gegen die meinen

- Une princesse comme vous! - J'ai été pâtoure avant d'être
Eine Prinzessin wie Ihr Ich habe gewesen Schafhirtin bevor zu werden

princesse. Changeons d'habits, te dis-je. Crains-tu de perdre au
Prinzessin Tauschen wir Kleider dir sage ich Glaubst du zu verlieren beim

change? La paysanne, toute confuse, se déshabilla. La jeune dame
Tausch Die Bäuerin ganz verwirrt sich auszog Die junge Dame

se revêtit du costume de la bergère, en lui laissant le sien, puis elle alla
sich anzog die Kleidung von der Hirtin [---] ihr überlassend die ihren dann sie ging

se présenter au château, et demanda si l'on n'avait pas besoin d'une
sich vorstellen ins Schloss und fragte ob man nicht hatte [---] Bedarf von einer

servante.
Dienerin

- Nous avons assez de serviteurs, lui répond-on. Elle insista.
Wir haben genug [---] Diener ihr antwortete man Sie nicht nachgab

Pendant cette discussion, la demoiselle passa et ordonna que l'on
Während dieser Diskussion das Fräulein kam vorbei und ordnete an dass man

retienne la petite pâtoure. - Mais elle dit qu'elle n'a encore
annehme die kleine Schafhirtin Aber sie sagt dass sie nicht hat noch nicht

servi nulle part! Elle ne saura rien faire. - Elle saura
gedient [hier :] nirgendwo Sie nicht [hier:]wird können nichts machen Sie wird können

toujours bien tourner la broche.
immerhin gut drehen den Spieß

faire cuire quelque chose à la broche = etwas am Spieß braten

On la voilà admit dans la cuisine en qualité de tourne-broche. Elle alla
Man sie also empfing in der Küche als Spießbrater Sie ging

et vint dans le château. Les apprêts de la noce se poursuivirent.
und kam in das Schloss Die Vorbereitungen von der Hochzeit dauerten an

Elle a reconnu son mari. Mais comment s'approcher de lui?
Sie hat wiedererkannt ihren Mann Aber wie sich annähern [---] ihm

Comment se faire reconnaître? Elle se souvint alors des présents qui
Wie sich machen wiedererkennen Sie sich erinnerte also [an]die Geschenke die

lui ont été faits par les vieilles. Elle pela ses trois châtaignes. Elles
ihr haben geworden gemacht von den Alten Sie schälte ihre drei Kastanien Sie

se transformèrent en un beau rouet tout en or, diamants et pierreries.
sich verwandelten in ein schönes Spinnrad ganz aus Gold Diamanten und Edelsteinen

L'une devint le corps du rouet, la seconde la quenouille, la
Die eine [Kastanie] wurde der Körper des Spinnrads die zweite der Spinnrocken die

troisième, la tête avec la broche, le fuseau et tout ce qui s'ensuit.
dritte der Kopf mit der Spule der Spindel und alles das was [hier:] dazugehört

La princesse vit ce rouet et l'admira.
Die Prinzessin sah dieses Spinnrad und es bewunderte

- Qui a apporté cela? dit-elle. - Moi, dit la tourneuse de broche.
Wer hat mitgebracht dieses sagte sie Ich sagte die Spießbraterin

- Veux-tu me le vendre? - Je ne le vends pas, il faut le gagner.
Willst du mir es verkaufen Ich nicht es verkaufe [---] man muss es verdienen

- Que veux-tu qu'on fasse pour le céder? - Je veux coucher avec le
Was willst du dass man mache um es [zu] überlassen Ich will schlafen mit dem

prince cette nuit même à la place de la mariée. Vous jugez comme
Prinzen diese Nacht gleich an der Stelle von der Braut Ihr könnt euch vorstellen wie

on se récria! La jeune femme n'en démordit pas. On se consulta, on
man protestierte Die junge Frau nicht aufgab [---] Man sich beriet man

voulait bien ne pas laisser échapper ce rouet. Mais la mariée ne
wollte sehr nicht [---] lassen sich entgehen dieses Spinnrad Aber die Braut nicht

voulait pas consentir à laisser son mari coucher avec cette fille de
wollte [---] zustimmen zu lassen ihren Mann schlafen mit diesem Mädchen aus [der]

cuisine.
Küche

- Tu as tort, lui dit sa mère. Nous ferons prendre au prince de
Du hast Unrecht ihr sagte ihre Mutter Wir werden lassen nehmen den Prinzen [---]

l'endormillon. Il s'endormira aussitôt qu'il sera couché et le rouet
Schlafmittel Er wird einschlafen sobald dass er wird sein hingelegt und das Spinnrad

nous restera. - Eh bien soit! dit-on à la fille de cuisine.
uns wird bleiben Na gut sei [es] sagte man zu dem Mädchen der Küche

Donne-nous ton rouet et tu coucheras avec le prince.
Gib uns dein Spinnrad und du wirst schlafen mit dem Prinzen

Pendant le souper, on fit prendre au prince un breuvage soporifique;
Während des Abendessens man ließ nehmen den Prinzen ein Getränk einschläfernd

aussitôt qu'il était au lit, il s'endormit. La jeune femme fit du bruit,
sobald dass er war im Bett er einschlief Die junge Frau machte [---] Lärm

31

chanta, cria, elle le poussa, elle le pinça; rien n' y fait, il dormit
sang schrie sie ihn stieß sie ihn zwickte nichts [---] [hier:] half er schlief

jusqu'au jour. Seulement ceux qui couchaient tout près de là se
bis zum Tag Nur diejenigen die schliefen ganz nah von dort sich

plaignent du tapage qu'on a fait dans la chambre du prince et
beschwerten über den Lärm den man hat gemacht in dem Zimmer des Prinzen und

demandèrent en grâce qu'une autre fois on les laisse dormir. La jeune
baten in Gnade dass ein anderes Mal man sie lasse schlafen Die junge

femme dépitée, mais non découragée, se retira dans le petit réduit
Frau bitter enttäuscht aber nicht entmutigt sich zurückzog in die kleine Kammer

qu'on lui a assigné; et là elle cassa ses trois noisettes. Il en sortit un
die man ihr hat zugeteilt und dort sie knackte ihre drei Haselnüsse Es dort kam heraus eine

superbe trô tout en or et en pierreries. La première noisette fournit le
prächtige Rolle ganz aus Gold und aus Edelsteinen Die erste Haselnuss bildete den

trô = eine Art senkrechte Rolle, die dazu dient, den Faden der Spindel zu einem Garnknäuel
zusammenzufassen; fast nur in der Normandie verbreitet

pied; la seconde, les quatre bras; la troisième, la manivelle pour le
Fuß die zweite die vier Arme die dritte die Kurbel um sie

faire tourner.
[zu] machen drehen

On parla de ce superbe trô à la dame du château. Elle vint le voir.
Man sprach von dieser prächtigen Rolle zu der Dame des Schlosses Sie kam sie sehen

- Qui a apporté cela? demanda la dame. - Moi, madame, répondit
Wer hat gebracht diese fragte die Dame Ich meine Dame antwortete

l'aide de cuisine. - Veux-tu me le vendre? - Je ne le vends pas, il
die Küchenhilfe Willst du mir sie verkaufen Ich nicht sie verkaufe [---] man

faut le gagner. - Que faut-il faire pour le gagner? - Me permettre
muss sie verdienen Was muss man machen um sie [zu] verdienen Mir erlauben

de coucher encore aujourd'hui avec le prince. On lui objecta que c'est
zu schlafen noch einmal heute mit dem Prinzen Man ihr vorwarf dass das ist

extravagant, que c'est indécent; rien ne la fit rougir ni reculer. La
übertrieben dass das ist schamlos nichts nicht sie ließ erröten noch klein beigeben Die

mariée déclara qu'elle se repentit d'avoir consenti une première fois,
Braut erklärte dass sie bereute zu haben zugestimmt ein erstes Mal

elle ne consentira pas une seconde.
sie nicht wird zustimmen [---] ein zweites [Mal]

Sa mère parvint à la calmer. On fera prendre cette fois encore de
Ihre Mutter erreichte [---] sie [zu] beruhigen Man wird lassen nehmen dieses Mal noch einmal [---]

l'endormillon au prince, la jeune femme tâchera de l'éveiller comme
Schlafmittel den Prinzen die junge Frau wird versuchen zu ihn wecken wie

l'autre nuit, et ne réussira pas davantage, et le trô sera gagné.
die andere Nacht und nicht wird Erfolg haben [---] viel mehr und die Rolle wird sein gewonnen

La princesse ceda encore cette fois, et cette nuit se passa en effet
Die Prinzessin gab nach noch einmal dieses Mal und diese Nacht verging in der Tat

comme la première. Le prince dormit d'un sommeil de plomb, et la
wie die erste Der Prinz schlief einen Schlaf bleischwer und die

jeune femme essaya en vain de le réveiller en pleurant, en criant, en
junge Frau versuchte vergeblich zu ihn aufwecken [---] jammernd [---] schreiend [---]

faisant tout le bruit possible. Les domestiques, que cela empêcha
machend allen möglichen Lärm Die Hausangestellten [hier:] da dies sie abhielt

de dormir, étaient fort mécontents. Ils se plaignirent au chef de
zu schlafen waren sehr unzufrieden Sie sich beschwerten beim Chef der

cuisine, qui se chargea de faire entendre leurs doléances. Il alla
Küche der sich [darum] kümmerte zu lassen anhören ihre Beschwerden Er ging

en effet trouver le prince. - Prince, lui dit-il, il se passe
tatsächlich treffen den Prinzen [mein] Prinz ihm sagte er es sich abspielt

quelque chose de bien extraordinaire la nuit dans votre chambre. Ce
etwas [---] sehr außergewöhnliches in der Nacht in eurem Zimmer Das

n'est pas votre femme qui couche avec vous, mais sa petite
nicht ist [---] eure Frau die schläft [hier:] neben euch aber ihre kleine

aide de cuisine, et elle fait toutes les nuits un bruit à empêcher tout le
Küchenhilfe und sie macht alle [---] Nächte einen Lärm der abhält alle

monde de dormir.
Welt zu schlafen

- En effet, pensa le prince. Je me sens tellement lourd tous les soirs,
In der Tat dachte der Prinz Ich mich fühle dermaßen [hier :] müde alle Abende

quand je me mets au lit, qu'il doit y avoir quelque malice là-dessous.
wenn ich mich lege ins Bett dass es muss dort geben irgendeine Böswilligkeit dahinter

Certainement on me fait prendre de l'endormillon. Mais si l'on
Bestimmt man mich lässt nehmen [---] Schlafmittel Aber falls es man

m'en apporte la prochaine fois, je ne dirai rien, je le jetterai à
mir davon bringt das nächste Mal ich nicht werde sagen nichts ich es werde schütten in

la ruelle du lit, je ferai semblant de dormir, et je verrai ce qui
die Bettspalte ich werde machen scheinend zu schlafen und ich werde sehen das was

la ruelle du lit = Abstand zwischen Bett und Wand

arrivera.
wird passieren

La jeune femme voulut faire une troisième tentative. Il lui restait les
Die junge Frau wollte machen einen dritten Versuch Es ihr blieben die

trois grosses noix, elle les cassa, et elle vit apparaître devant elle un
drei großen Walnüsse sie sie knackte und sie sah erscheinen vor ihr einen

superbe dévidoir, plus riche encore et plus beau que le rouet et le
prächtigen Fadenaufwickler mehr kostbar noch und mehr schön als das Spinnrad und die

devidoir = Gerät, mit dem man den Faden von der Spindel abspulen kann

trô. La première forma le pied; la seconde, les quatre bras; et la
Rolle Die erste [Nuss] formte den Fuß die zweite die vier Arme und die

troisième, les quatre fillettes. Le rouet et le trô n'étaient rien
dritte die vier [hier:] Querstreben Das Spinnrad und die Rolle nicht waren nichts

auprès du dévidoir. La dame en fut émerveillée, et proposa de
im Vergleich zu dem Fadenaufwickler Die Dame davon war entzückt und schlug vor von

nouveau à la petite tourne-broche de le lui vendre. - Je ne le vends
Neuem [---] der kleinen Spießbraterin zu ihn ihr verkaufen Ich nicht ihn verkaufe

ni pour or ni pour argent. - Que veux-tu donc? - Coucher une
weder für Gold noch für Geld Was willst du also Schlafen ein

troisième fois avec le prince. - Tu y as déjà couché deux fois, et tu
drittes Mal mit dem Prinzen Du dort hast schon geschlafen zwei Mal und du

n'en es pas plus avancée. - Je veux essayer une troisième.
nicht bist [---] mehr vorwärts gekommen Ich will versuchen ein drittes Mal

Après avoir longtemps hésité, la mère et la fille consentirent encore
Nach haben lange gezögert die Mutter und die Tochter zustimmten noch

une fois, la dernière, se promettant bien d'user de l'endormillon
ein Mal das letzte Mal sich versprechend gut zu benutzen [---] das Schlafmittel

comme les deux premières nuits.
wie die zwei vorigen Nächte

A peine le prince était-il au lit, qu'on lui apporta la liqueur soporifique
Kaum der Prinz war er im Bett dass man ihm brachte die Flüssigkeit einschläfernd

comme un bon cordial. Il ne dit rien, et fit semblant de l'avaler,
als ein gutes Stärkungsmittel Er nicht sagte nichts und machte scheinend zu es schlucken

mais il la jeta à la ruelle et ferma les yeux comme s'il dormait. Sa
aber er es schüttete in die Bettspalte und schloß die Augen als ob er schlief Seine

femme, l'ancienne, vint alors se placer à côté de lui. Dès les
Frau die vorige kam also sich platzieren an der Seite von ihm Schon die

premiers mots qu'elle prononça, il la reconnut. Jusqu'alors il ne l'avait
ersten Worte die sie sprach er sie erkannte Bis dahin er nicht sie hatte

pas regardée sous ses vêtements d'aide de cuisine. - Comment, ma
[---] angesehen [hier:] in ihren Kleidern von Küchenhilfe Wie meine

femme chérie, c'est toi qui viens me retrouver ici! Comment as-tu
Frau liebe das bist du die kommt mich wiederfinden hier Wie hast du

fait pour me découvrir?
gemacht um mich [zu] finden

Elle lui raconta tout ce qui s'était passé et comment elle était
Sie ihm erzählte alles das was war passiert und wie sie [hier:] hatte

parvenue à trouver le pays des Margriettes. Le prince fut aussi
erreicht zu finden das Land der Margeriten Der Prinz war so

enchanté de ce témoignage d'amour que de la beauté de la
verzaubert von diesem Beweis von Liebe [hier:] ebenso wie von der Schönheit von der

jeune femme, qu'il trouvait fort supérieure à celle de la fille
jungen Frau die er fand viel größer als die [Schönheit] von dem Mädchen

du château. Il s'était marié avec elle par complaisance, et ne s'était
vom Schloss Er sich war verheiratet mit ihr aus Gefälligkeit und nicht sich war

jamais donné la peine ni de connaître ses sentiments, ni même de la
nie gegeben die Mühe weder zu kennenlernen ihre Gefühle noch nicht einmal zu sie

se donner la peine de faire quelque chose = sich die Mühe machen etwas zu tun

bien regarder. C'était presque une révélation pour lui. Il ne voulut plus
genauer ansehen Das war beinahe eine Offenbarung für ihn Er nicht wollte mehr

Cela a été la révélation pour lui = Da fiel es ihm wie Schuppen von den Augen

dès lors entendre parler de son nouveau mariage. Mais comment se
folglich hören reden von seiner neuen Ehe Aber wie sich

libérer? - Ne dis rien, dit-il à sa femme, je tâcherai d'arranger
befreien Nicht sag nichts sagte er zu seiner Frau ich werde versuchen zu regeln

tout.
alles

Le lendemain, quand tout le monde fut rassemblé: parents de la
Am nächsten Tag als alle Welt war versammelt Eltern von der

fiancée, invités à la noce et autres, le prince leur dit: Messieurs et
Verlobten Eingeladene zu der Hochzeit und andere der Prinz ihnen sagte meine Herren und

mesdames, il m'arrive aujourd'hui une drôle d'aventure. J'avais fait
meine Damen es mir passiert heute eine lustige [hier:] Geschichte Ich hatte gelassen

faire dans le temps une clé pour mon secrétaire, puis je l'avais
machen früher einen Schlüssel für meinen Schreibtisch dann ich ihn hatte

perdue. Comme je ne pouvais pas rester sans ouvrir mon secrétaire,
verloren Da ich nicht konnte [---] bleiben ohne [zu] öffnen meinen Schreibtisch

j'avais fait faire une nouvelle clé. Mais voilà que je viens de
ich hatte gelassen machen einen neuen Schlüssel Aber siehe da dass ich komme von

venir de faire quelque chose = gerade etwas getan haben

retrouver la vieille, au moment où je ne me suis pas encore servi de
wiederfinden den alten in dem Moment wo ich nicht [hier:] habe [---] noch nicht benutzt [---]

l'autre. Laquelle vaut-il mieux garder, de la vieille ou de la neuve? La
den anderen Welchen soll man besser behalten [---] den Alten oder [---] den Neuen Den

vieille, n'est-ce pas? Dont j'ai fait usage et que je connais bien?
Alten nicht wahr Von dem ich habe gemacht Gebrauch und den ich kenne gut

N'êtes-vous pas de cet avis-là?
Nicht seid ihr [---] [---] dieser Meinung hier

- Certainement, répondit-on, il vaut beaucoup mieux garder la vieille,
Sicherlich antwortete man man sollte viel besser behalten den alten

celle dont on avait l'habitude de se servir et qui convient le mieux à la
den von dem man hatte die Gewohnheit zu benutzen und der passt am besten in das

serrure. - Je suivrai votre conseil. Ma vieille clé que j'avais
Schloss Ich werde befolgen euren Rat Mein alter Schlüssel den ich hatte

perdue, la voilà, dit-il, en montrant la jeune aide de cuisine. Je
verloren hier ist er sagte er [---] zeigend die junge Küchenhilfe Ich

l'ai   retrouvée, et je la reprends, selon le conseil que vous m'avez
ihn habe wiedergefunden und ich ihn nehme wieder gemäß dem Rat   den   ihr   mir habt

donné.
gegeben

La Fille   sans mains
Das Mädchen ohne   Hände

Une dame avait une fille si belle, que les passants, quand ils
Eine   Frau   hatte   eine Tochter so schön dass die   Passanten   wenn   sie

l'apercevaient, s'arrêtaient tout court pour la regarder. Mais la mère
sie bemerkten   stehen blieben ganz kurz   um   sie   ansehen   Aber   die Mutter

avait elle-même des prétentions à la beauté et elle était jalouse de sa
hatte   sie selbst   [---]   Ansprüche   auf die Schönheit und sie   war   eifersüchtig auf ihre

fille. Elle lui défendit de se montrer jamais en public; cependant on
Tochter Sie ihr   verbat   zu sich   zeigen [hier:] jemals in der Öffentlichkeit   jedoch   man

l'apercevait quelquefois, on parlait toujours de sa beauté; elle
sie [hier:] sah   hin und wieder man sprach   immerzu   von ihrer Schönheit   sie [die Mutter]

résolut de la faire disparaître tout à fait. Elle fit venir deux individus
beschloss zu sie lassen verschwinden   völlig   Sie ließ kommen zwei   Gestalten

auxquels elle croyait pouvoir se fier et elle leur dit: - Je vous
von denen   sie   dachte   können   vertrauen und sie   ihnen sagte   Ich   euch

promets beaucoup d'argent et le   secret, si vous faites ce que je
verspreche   viel   Geld   und die Verschwiegenheit falls ihr   macht   das   was   ich

vous dirai. L'argent, le voilà tout prêt. Il sera à vous quand vous
euch werde sagen Das Geld   es hier seht ganz bereit Es wird sein   eures   wenn   ihr

aurez   accompli mes ordres. Acceptez-vous?
werdet haben erledigt   meine Anweisungen Akzeptiert   ihr

La somme était considérable. Ceux à qui elle s'adressait étaient
Die Summe   war   beachtlich   Die an die   sie   sich wandte   waren

pauvres; ils acceptèrent.   - Vous jurez de faire tout ce que je vous
arm   sie   akzeptierten   Ihr   schwört zu machen alles das was ich euch

dirai? - Nous le jurons. - Vous emmènerez ma fille; vous la
werde sagen   Wir es schwören   Ihr   werdet mitnehmen meine Tochter ihr   sie

conduirez dans une forêt loin   d'ici et là vous la tuerez. Pour preuve
werdet führen   in   einen Wald weit weg von hier und dort ihr   sie werdet töten Als   Beweis

que vous aurez accompli mes   ordres, vous m'apporterez, non pas
dass   ihr werdet haben erledigt   meine Anweisungen ihr   mir werdet bringen nicht   [---]

seulement son coeur, car vous pourriez me tromper, mais aussi ses
nur   ihr   Herz   denn ihr   könntet   mich   täuschen   sondern auch   ihre

deux mains. Les hommes se récrièrent. - Vous avez promis, leur
zwei   Hände   Die   Männer   protestierten   Ihr   habt versprochen ihnen

dit-elle, vous ne pouvez plus vous dédire. De plus, vous savez la
sagte sie ihr nicht könnt mehr euch widerrufen Außerdem ihr kennt die
se dédire = sein Wort zurücknehmen

récompense qui vous est réservée. Je vous attends dans huit jours.
Belohnung die euch ist reserviert Ich euch erwarte in acht Tagen

Les voilà donc partis avec la jeune fille. On lui dit qu'il
Sie also [waren] weggegangen mit dem jungen Mädchen Man ihr sagte dass es

s'agissait de faire un petit voyage dans l'intérêt de sa santé. Elle fut
sich handelte um machen eine kleine Reise in dem Interesse von ihrer Gesundheit Sie war

bien un peu étonnée du choix de ses deux compagnons de
[hier :] schon ein bisschen erstaunt über die Wahl [---] ihrer zwei Gefährten von

voyage, mais le plaisir de voir du nouveau lui fit oublier cette
Reise aber das Vergnügen zu sehen [---] Neues sie ließ vergessen diesen

circonstance. Elle les suivit donc sans inquiétude. Quant à eux, ils
Umstand Sie ihnen folgte also ohne Sorge Was sie [die Männer] betraf sie

ne laissaient pas d'être troublés. La jeune fille s'était toujours
nicht [hier :] aufhörten [---] zu sein betrübt Das junge Mädchen sich war immer

montrée bonne pour eux; elle leur avait rendu divers petits services;
gezeigt gut zu ihnen sie ihnen hatte gegeben verschiedene kleine Hilfen
rendre service à quelqu'un = jemandem helfen

il était bien pénible d'avoir à lui ôter la vie.
es war sehr schwer zu haben ihr nehmen das Leben

On chevaucha, on chevaucha dans les bois. On arriva enfin à un
Man ritt man ritt durch die Wälder Man ankam schließlich an eine

endroit bien désert. Les hommes s'arrêtèrent et firent connaître à la
Stelle sehr verlassen Die Männer hielten an und ließen wissen [---] das

jeune fille l'ordre de sa mère. - Est-ce que vous aurez la
junge Mädchen die Anweisung von ihrer Mutter Ob ihr werdet haben die

cruauté de me tuer? leur demanda-t-elle. - Nous n'en avons pas le
Grausamkeit zu mich töten sie fragte sie Wir nicht dazu haben [---] den

courage; mais comment faire? Nous avons juré de rapporter à votre
Mut aber wie machen Wir haben geschworen zu mitbringen zu eurer

mère votre cœur et vos mains. Le cœur, ce ne serait rien; celui des
Mutter eurer Herz und eure Hände Das Herz das nicht würde sein nichts das von den

bêtes ressemble à celui des hommes; mais vos mains, nous ne
Tieren ähnelt dem der Menschen aber eure Hände wir nicht

pouvons tromper votre mère là-dessus. - Eh bien! Coupez-moi les
können täuschen eure Mutter damit Na gut Schneidet ab mir die

mains et laissez-moi la vie.
Hände und lasst mir das Leben

On tua un chien, on lui enleva le cœur; cela suffira. Quant aux
Man tötete einen Hund man ihm entnahm das Herz das wird reichen Bezüglich der

mains, il fallait bien se résoudre à les lui couper. On se procura
Hände man musste sehr sich überzeugen zu sie ihr abschneiden Man sich beschaffte

d'abord de cette herbe qui arrête le sang; puis, l'opération faite, on
zuerst [---] dieses Kraut das stoppt die Blutung dann die Operation gemacht man

banda les deux plaies avec la chemise de la jeune fille; on emporta les
verband die zwei Wunden mit dem Hemd von dem jungen Mädchen man mitnahm die

mains et on abandonna la malheureuse victime dans le bois, après lui
Hände und man ließ zurück das unglückliche Opfer in dem Wald nachdem sie

avoir fait promettre de ne jamais revenir dans le pays de sa mère.
haben lassen versprechen zu nicht niemals zurückkommen in das Land von ihrer Mutter

La voilà donc toute seule dans la forêt. Comment se nourrir sans
Sie also [war] ganz alleine in dem Wald Wie sich ernähren ohne

mains pour ramasser les objets, pour les porter à sa bouche? Elle se
Hände um aufsammeln die Sachen um sie bringen zu ihrem Mund Sie sich

nourrit de fruits, qu'elle mordilla comme elle pouvait; mais les fruits
ernährte von Früchten die sie abknabberte [so gut] wie sie konnte aber die Früchte

sauvages n'étaient guère nourrissants. Elle entra dans le jardin d'un
wild nicht waren kaum nahrhaft Sie ging hinein in den Garten von einem

château et là elle mordilla les fruits qu'elle pouvait atteindre, mais
Schloss und dort sie abknabberte die Früchte die sie konnte erreichen aber

n'osa se montrer à personne. On remarqua ces fruits mordillés.
nicht wagte sich zeigen [---] niemandem Man bemerkte diese Früchte angeknabbert

Presque tous ceux d'un poirier y étaient déjà passé. On se demanda
Fast alle diese von einem Birnbaum dort waren schon weg Man sich fragte

qui a pu faire cela; un oiseau peut-être, mais encore quel oiseau?
wer hat gekonnt machen das ein Vogel kann sein aber noch einmal dieser Vogel

On fi le guet. Aucun gros oiseau ne se montra; mais on aperçut
Man machte die Lauer Kein großer Vogel nicht sich zeigte aber man bemerkte

faire le guet = Schmiere stehen bzw. sich auf die Lauer legen

une jeune fille qui, ne se croyant pas observée, grimpa dans les
ein junges Mädchen das nicht sich glaubend [---] beobachtet hinaufkletterte in die

arbres fruitiers. On la suivit des yeux pour voir ce qu'elle fera. On
Obstbäume Man sie verfolgte mit den Augen um zu sehen das was sie wird machen Man

la surprit mordillant les fruits.
sie überraschte abknabbernd die Früchte

- Que faites-vous là, mademoiselle? - Plaignez-moi, répondit-elle en
Was macht Ihr hier mein Fräulein Bedauert mich antwortete sie [---]

montrant ses deux bras privés de mains, plaignez-moi et
zeigend ihre zwei Arme beraubt von Händen bedauert mich und

pardonnez-moi. Celui qui l'avait surprise était le fils de la maîtresse
verzeiht mir Der der sie hatte überrascht war der Sohn von der Besitzerin

38

du château. La mutilation qu'on avait fait   subir à la jeune fille
vom Schloss   Die Verstümmelung die man hatte gelassen ertragen [---] das junge Mädchen

n'avait pas altéré   sa beauté, la souffrance lui avait même donné
nicht hatte [---] gemindert ihre Schönheit das   Leid   ihr hatte   sogar   gegeben

quelque chose de plus séduisant.   - Venez avec moi, lui dit-il, et il
etwas   [---] mehr verzaubernd   Kommt mit mir ihr sagte er und er

l'introduisit secrètement dans la maison. Il la conduisit dans une
sie [hier:] brachte   heimlich   in das Haus Er sie   führte   in   ein

petite chambre et l'engagea à se coucher; puis il alla   trouver sa
kleines   Zimmer und   sie bat   zu sich schlafen legen dann er ging [hier:] treffen seine

mère. - Eh bien! Tu as   été   à la chasse, lui dit-elle; as-tu attrapé
Mutter   Na gut   Du hast gewesen auf der   Jagd   ihm sagte sie   hast du gefangen

des oiseaux? - Oui, j'en   ai attrapé un, et un très beau.
[---] Vögel   Ja   ich davon habe gefangen einen und einen sehr schönen [noch dazu]

Faites mettre un couvert de plus; mon oiseau dînera à table.
Lasst   legen   ein Gedeck [---] mehr   mein   Vogel wird essen am Tisch

Il fit   ce qu'il avait dit; il amena la jeune fille à ses parents. Grand
Man machte das was er hatte gesagt er brachte das junge Mädchen zu seinen Eltern   Groß

fut l'étonnement quand on la vit sans mains. On lui demanda la cause
war das Erstaunen.   als   man sie sah ohne   Hände   Man sie fragte [nach] dem Grund

de cette mutilation. Elle répondit de manière à ne compromettre
von dieser Verstümmelung Sie antwortete auf [eine] Art   zu nicht   bloßstellen

personne: elle ne se croyait pas encore assez loin   pour que sa mère ne
niemanden sie nicht sich glaubte [---] noch nicht genug weit [weg] dass   ihre Mutter nicht

pût   apprendre de ses nouvelles; elle savait que dans ce cas ceux qui
konnte [hier:] erfahren von ihren Neuigkeiten sie wusste dass in diesem Fall die   die

l'avaient épargnée seraient traités sans pitié, et elle supplia ceux qui
sie hatten verschont   würden sein behandelt ohne Erbarmen und sie flehte an diejenigen die

l'interrogeaient de lui permettre de rester cachée.
sie ausfragten   zu ihr versprechen zu bleiben versteckt

Mais cela ne faisait pas   l'affaire   du   jeune homme, qui s'était
Aber das nicht machte [---] die Angelegenheit von dem jungen   Mann   der sich war

faire l'affaire du quelqu'un = jemanden etwas angehen

épris d'elle et désirait l'épouser. Sa mère combattit cette idée; elle ne
verliebt in sie und wollte   sie heiraten Seine Mutter kämpfte gegen diese Idee sie nicht

voulait pas d'une belle-fille   sans mains, d'une
wollte   [---]   ein schönes Mädchen [Schwiegertochter] ohne   Hände [nicht] eine

bru   qui lui donnerait peut-être des petits-enfants sans mains
Schwiegertochter die ihr würde geben   vielleicht [---] Enkelkinder   ohne Hände

comme elle! Le fils insista, et il   insista tellement que sa mère
wie   sie Der Sohn nicht nachgab und er bestand darauf so sehr dass seine Mutter

lui dit: - Épouse-la si tu veux, mais c'est bien contre mon gré.
ihm sagte   Heirate sie wenn du willst   aber   das ist sehr   gegen meinen Willen

Le mariage fut célébré; les époux furent heureux, très heureux, mais
Die Hochzeit   war gefeiert   die Eheleute waren   glücklich   sehr glücklich   aber

ce bonheur ne dura pas longtemps. Bientôt après le   mari fut obligé
dieses Glück   nicht anhielt [---]   lange   Schon bald danach der Ehemann war verpflichtet

de partir pour la guerre. Ce fut avec de vifs regrets qu'il se sépara de
zu aufbrechen in   den Krieg   Das war mit   [---] starkem Bedauern dass er sich trennte von

son épouse, et il recommanda qu'on lui envoyât souvent de ses
seiner Frau   und er   empfahl   dass man ihm schreibe   oft   von ihren

nouvelles. Quelques mois après un serviteur vint lui apprendre que sa
Neuigkeiten   Einige   Monate später ein Bediensteter kam ihm [hier:] mitteilen dass seine

femme lui avait donné deux beaux garçons; mais il l'engagea à
Frau   ihm hatte gegeben zwei schöne   Jungen   aber   er   ihn bat   zu

revenir   au plus tôt, parce que sa famille était mécontente qu'il eût
zurückkommen möglichst bald   weil   seine Familie   war   unzufrieden   dass er hatte

épousé une femme sans mains.
geheiratet eine   Frau   ohne   Hände

Revenir,   il ne le pouvait pas; mais il écrivit à sa femme une lettre
Zurückkommen er nicht es   konnte   [---]   aber   er   schrieb zu seiner Frau   einen Brief

des plus aimables et une autre à sa mère, où il lui recommandait
von den   schönsten   und einen anderen an seine Mutter wo er ihr   empfahl

avoir bien soin de quelqu'un = sich gut um jemanden kümmern

d'avoir bien soin de sa femme bien-aimée. Mais, loin d'en avoir soin,
zu haben   viel   Pflege von seiner Frau   sehr   geliebt   Aber   weit davon [zu] haben Pflege

loin de faire quelque chose = statt etwas zu machen

on cherchait à s'en débarrasser. On écrivit au jeune marié que sa
man   versuchte zu   sie loswerden   Man schrieb dem jungen Ehemann dass seine

femme était accouchée de deux monstres. On s'empara des lettres
Frau   hatte zur Welt gebracht zwei   Monster   Man nahm an sich   die   Briefe

qu'il avait écrites à sa femme et on en substitua d'autres dans
die er   hatte geschrieben an seine Frau   und man sie austauschte gegen andere in

lesquelles on lui faisait prononcer des accusations abominables contre
denen   man ihn   ließ   äußern   [---] Anschuldigungen   abscheulich   gegen

elle et dire qu'il   fallait   qu'elle fût bien coupable, puisque Dieu, au
sie und sagen dass es musste sein dass sie war   sehr   schuldig   da   Gott   an

lieu d'enfants, lui avait envoyé deux monstres.
Stelle von Kindern   ihr hatte geschickt   zwei   Monster

On finit par persuader à la jeune femme, à force de lui
Man endete mit überreden   [---] die junge   Frau   indem   ihr

répéter,   qu'après ces lettres il serait imprudent à elle
[immer wieder] wiederholen   dass nach diesen Briefen es   wäre   leichtsinnig von ihr

40

d'attendre le retour de son mari, qui serait capable de la tuer, et que le
zu abwarten die Rückkehr von ihrem Mann der wäre fähig zu sie töten und dass das

meilleur pour elle c'était de s'en aller. Elle se laissa persuader; on lui
Beste für sie das war zu weggehen Sie sich ließ überreden man ihr

donna quelque argent; elle s'habilla en paysanne et la voilà partie
gab etwas Geld sie sich anzog als Bäuerin und sie also [war] weggegangen

avec ses deux enfants dans une besace, l'un en avant, l'autre
mit ihren zwei Kindern in einer Umhängetasche das eine [Kind] nach vorne das andere

en arrière; mais sa mutilation la rendait maladroite; en se penchant
nach hinten aber ihre Verstümmelung sie machte ungeschickt [---] sich hinunter beugend

pour puiser de l'eau dans une fontaine, elle y laissa tomber un de ses
um schöpfen [---] Wasser in einem Brunnen sie dort ließ fallen eines von ihren

enfants.
Kindern

Comment le retirer, puisqu'elle n'avait pas de mains? Elle adressa à
Wie es heraus holen da sie nicht hatte [---] [---] Hände Sie schickte zu

Dieu une courte mais fervente prière, puis elle enfonça ses deux bras,
Gott ein kurzes aber frommes Gebet dann sie streckte ihre zwei Arme

ses deux moignons, dans la fontaine pour tâcher de rattraper
ihre zwei Stumpfe in den Brunnen um [zu] versuchen zu [hier:] herauf holen

l'enfant. Elle le rattrapa, en effet, et, en lui ôtant ses habits mouillés,
das Kind Sie es herauf holte tatsächlich und [---] sich entfernend ihre Kleidung nass

elle s'aperçut que ses deux mains avaient repoussé; Dieu avait
sie bemerkte dass ihre zwei Hände waren nachgewachsen Gott hatte

entendu la prière de son amour maternel et lui avait rendu les
gehört das Gebet von ihrer Liebe mütterlich und ihr hatte zurückgegeben die

membres qu'elle avait perdus.
[hier :] Gliedmaßen die sie hatte verloren

Elle put dès lors travailler de ses mains et gagner la vie de ses deux
Sie konnte seitdem arbeiten mit ihren Händen und gewinnen das Leben von ihren zwei

enfants. Elle vécut ainsi douze longues années. Quand son mari revint
Kindern Sie lebte so zwölf lange Jahre Als ihr Mann zurückkam

de la guerre, sa première parole fut pour elle. Sa mère fut tellement
von dem Krieg seine erste [hier:] Rede war von ihr Seine Mutter war dermaßen

furieuse de voir que, malgré tout ce qu'on lui avait dit contre sa
wütend zu sehen dass trotz allem das was man ihm hatte gesagt gegen seine

femme, il l'aimait encore, qu'elle faillit se jeter sur lui pour le battre.
Frau er sie liebte noch [immer] dass sie beinahe sich warf auf ihn um ihn schlagen

faillir faire quelque chose = etwas beinahe tun

Il la laissa dire et demanda qu'on lui rendit sa femme. Le fait
Er sie ließ reden und verlangte dass man ihm zurückbrachte seine Frau Die Tatsache

était que personne ne savait ce qu'elle était devenue. Il pensa qu'elle
war dass niemand nicht wusste das was sie war geworden Er dachte dass sie

ne devait pas être morte cependant, et il se mit en voyage, décidé
nicht durfte [---] sein tot jedoch und er sich aufmachte zur Reise entschlossen

à la retrouver en quelque endroit qu'elle se fût retirée. Il s'adressait
zu sie wiederfinden an irgendeinem Ort wo sie sich war zurückgezogen Er sich wandte

à tout le monde pour avoir des renseignements. Il rencontra un
an die ganze Welt um [zu] [hier:] bekommen [---] Auskünfte Er traf eines

jour un petit garçon, éveillé et intelligent, qui l'intéressa; il lui
Tages einen kleinen Jungen aufgeweckt und intelligent der ihn interessierte er ihn

demanda quelle était sa maman. L'enfant répondit que sa maman a
fragte welche war seine Mutter Das Kind antwortete dass seine Mutter hat

été longtemps sans mains; qu'il avait un frère du même âge que lui
gewesen lange ohne Hände dass er hatte einen Bruder von dem selben Alter als er

et, apercevant son frère, il l'appella.
und bemerkend seinen Bruder er ihn rief

- Viens, lui dit-il, voici quelqu'un qui s'intéresse à nous et à notre
Komm ihm sagte er hier ist jemand der sich interessiert für uns und für unsere

mère. Le second enfant était aussi aimable et aussi intelligent
Mutter Das zweite Kind war [hier :] genauso freundlich und genauso intelligent

que le premier. Le voyageur les interroga sur leur vie passée. Tous les
wie das erste Der Reisende sie befragte über ihr Leben vergangen Alle die

renseignements coïncidèrent, il ne douta pas qu'il n'ait
Informationen stimmten überein er nicht bezweifelte [---] dass er nicht habe

retrouvé sa famille. - Et votre mère, mes enfants, où est-elle?
wiedergefunden seine Familie Und eure Mutter meine Kinder wo ist sie

Allez me la chercher bien vite.
Geht mir sie suchen sehr schnell

La mère, qui était à un étage supérieur, s'empressa de descendre.
Die Mutter die war in einem Stockwerk höher sich beeilte zu herunterkommen

Il la reconnut tout de suite, malgré ses douze années de séparation.
Er sie erkannte sofort trotz ihrer zwölf Jahre [---] Trennung

On s'expliqua, on s'embrassa, on retourna au pays, on se
Man [hier :] sich sprach aus man sich umarmte man zurückkehrte ins Land man sich

réinstalla au château. Réconciliation générale. Pas pour tous,
wieder niederließ im Schloss Aussöhnung allgemein Nicht für alle

cependant. La méchante mère, qui avait froidement ordonné de
jedoch Die böse Mutter die hatte kaltblütig angeordnet zu

mettre sa fille à mort, fut enfermée dans un souterrain et
[hier :] bringen ihre Tochter zu Tod [hier:]wurde eingeschlossen in einem Keller und

dévorée par les bêtes.
verschlungen von den Tieren

42

Les Voleurs volés
Die   Räuber   beraubt

Il y avait une fois, comme on dit toujours une fois, une bonne femme
[hier:] Es war einmal   wie man sagt immer ein Mal eine gute Frau

qui aimait bien à faire des rôties et à boire un petit   coup. Mais
die mochte sehr gern zu machen [---] Braten und zu trinken einen kleinen [hier:] Schluck Aber

son homme le lui défendait. Un matin que son homme était
ihr Mann es ihr verbot Eines Morgens [hier:] als ihr Mann war

parti   aux clos, la voilà qui se mit à faire une rôtie, mais elle
hinausgegangen in die Weinberge siehe da wer sich setzte zu machen einen Braten aber sie
| se mettre à faire quelque chose = beginnen etwas zu tun |

avait laissé ouvert le haut de sa porte coupée et sa vache la
hatte gelassen offen den oberen Teil von ihrer Tür [hier:] zweiteilig und ihre Kuh sie

regardait par-dessus la fenêtre. C'était du temps que les bêtes
ansah über das Fenster Das war zu der Zeit als die Tiere

parlaient. La bonne femme eut peur que la vache la vendît; elle
sprachen Die gute Frau hatte Angst dass die Kuh sie [hier:]verpfiff sie

voulut la chasser, mais la bête revenait toujours; elle lui jeta une
wollte sie vertreiben aber das Tier kam zurück immer [wieder] sie ihr warf eine

hachette à la tête et la tua   du coup.
kleine Axt an den Kopf und sie tötete auf einen Schlag

- Qu'est-ce que notre homme va me dire, quand il reviendra,
Was unser Mann [hier :] wird mir sagen wenn er wird zurückkommen

pensa-t-elle, de trouver notre pauvre vache morte? Il me tuera
dachte sie zu finden unsere arme Kuh tot Er mich wird töten

du coup.   J'aime mieux m'en aller au débaoud. Elle quitta donc sa
auf einen Schlag Ich mag lieber gehen [hier:] ins Blaue Sie verließ also ihr
| aller au débaoud = alles zurücklassen und drauflos gehen, ohne zu wissen wohin |

maison et n'emporta que le volet de la porte. Elle rencontra
Haus und [hier :] nichts nahm mit als den Fensterladen von der Tür Sie traf

son homme en chemin.   - Où t'en vas-tu, comme ça?
ihren Mann auf dem Weg Wohin [---] gehst du wie das

- Je m'en vais au débaoud. Des voleurs sont venus chez nous. Ils ont
Ich [---] gehe ins Blaue [---] Diebe sind gekommen zu uns Sie haben

tout détruit, il n'est resté que le haut de la porte,
alles zerstört es [hier:] nichts ist geblieben als der obere Teil von der Tür

que voilà.   - Eh bien! Ma pauvre femme, puisqu'il ne nous reste
[hier:] den du hier siehst Na gut Meine arme Frau da es nicht uns bleibt

rien, allons-nous-en ensemble.
nichts gehen wir dorthin gemeinsam

Les voilà   aller tous deux de compagnie. Ils arrivèrent à un bois.
[hier:] man sah sie also gehen alle zwei [hier :] zusammen Sie kamen an an einem Wald

Quand ils furent dedans, ils étaient lassés et ils s'assirent sous un
Als sie waren darin sie waren müde und sie sich setzten unter eine

sapin pour se reposer. Mais tout à coup une troupe de gens arriva.
Tanne um sich ausruhen Aber plötzlich eine Gruppe von Leuten kam an

Le bonhomme et la bonne femme eurent peur; ils grimpèrent dans le
Der gute Mann und die gute Frau bekamen Angst sie kletterten in die

sapin, emportant toujours le volet de la porte, et ils attendirent.
Tanne mitnehmend immer[noch] den Fensterladen von der Tür und sie warteten

Les gens qui arrivaient étaient des voleurs. Sur leur route ils avaient
Die Leute die ankamen waren [---] Räuber Auf ihrem Weg sie hatten

rencontré la vache que la bonne femme avait tuée, et ils cherchaient
getroffen die Kuh die die gute Frau hatte getötet und sie suchten

un endroit pour la rôtir.
eine Stelle um sie [zu] braten

Ils s'installèrent justement sous le sapin; ils coupèrent la vache par
Sie [hier :] sich setzten genau unter die Tanne sie schnitten die Kuh in

morceaux, ils se firent un trépied avec des pierres, allumèrent un
Stücke sie sich machten ein Dreibein [hier : Stütze] mit [---] Steinen anzündeten ein

feu de bûchettes; ils avaient un hêtier, ils mirent dessus des
Feuer aus kleinen Holzscheiten sie hatten eine Bratpfanne sie legten darauf die

tranches de la vache. L'homme et la femme voyaient tout ça du haut
Stücke von der Kuh Der Mann und die Frau sahen alles das von der Höhe

de l'arbre; mais la femme était bien embarrassée, elle avait grande
von dem Baum aber die Frau war sehr verlegen sie hatte große

hâte à pisser. Elle le déclara à son homme.
Eile zu pinkeln Sie es erklärte [---] ihrem Mann

- Retiens-toi tant que tu pourras, lui dit-il, ils finiront par s'en aller.
Halte zurück dich so viel du wirst können ihr sagte er sie werden enden mit gehen
tant que tu pourras = so gut du kannst ; finir par quelque chose = bald/schließlich doch etwas tun

Elle se retint donc, mais les hommes ne s'en allaient pas. Au bout
Sie sich zurückhielt also aber die Männer nicht [---] weggingen [---] Am Ende

d'un moment elle dit à son homme qu'elle n'en pouvait plus et
von einem Moment sie sagte zu ihrem Mann dass sie nicht konnte mehr und

qu'il lui était impossible de se retenir. - Eh bien! Lâche tout! lui dit
dass es ihr war unmöglich zu sich zurückhalten Na gut Lass los alles ihr sagte

son homme. Elle ne se le fit pas redire, elle lâcha tout; cela coula
ihr Mann Sie nicht sich es ließ [---] nochmal sagen sie ließ los alles dies lief hinunter

de branche en branche jusque sur le hêtier. Les voleurs levèrent la tête,
von Ast zu Ast genau auf die Bratpfanne Die Räuber hoben den Kopf

mais le feuillage était si épais qu'ils ne virent rien.
aber das Laub war so dicht dass sie nicht sahen nichts

- Va toujours, dit le chef à celui qui cuisinait; c'est le bon Dieu qui
[hier:] Siehst du sagte de Chef zu dem der kochte das ist der gute Gott der

44

nous envoie la sauce.   Une minute après, la femme dit à son homme
uns   schickt die Soße   Eine   Minute   danach die   Frau   sagte zu ihrem   Mann

qu'elle avait   mal   au ventre.
dass sie   hatte Schmerzen im   Magen

- Retiens-toi, retiens-toi, lui dit son homme. Elle se   retint   tant
Halte zurück dich   halte zurück dich ihr   sagte   ihr   Mann   Sie   sich zurückhielt so sehr

qu'elle put, mais elle finit par dire à son homme qu'elle n'y   pouvait
dass sie   konnte aber   sie   endete mit   sagen zu ihrem   Mann   dass sie nicht es   konnte

plus tenir.   - Eh bien! Tant pis, lâche tout! lui dit son homme. Elle
mehr   halten   Na   gut   Sei's drum   lass los   alles   ihr sagte ihr   Mann   Sie

lâcha tout, et après avoir dégringolé de branche en branche, cela finit
ließ los   alles   und   nach   haben   hinabgesunken von   Ast   zu   Ast   dies   endete

par tomber sur le hêtier.   - Va toujours, dit le chef, c'est   bon Dieu
mit   fallen   in die Bratpfanne   [hier:] Siehst du   sagte der Chef   das ist [der] gute   Gott

qui nous envoie de la moutarde.
der   uns   schickt   [---] den   Senf

La bonne femme tenait toujours le   volet,   mais la force lui manquait
Die   gute   Frau   hielt   immer noch den Fensterladen aber   die   Kraft   ihr   fehlte

pour le retenir.   - Mon homme, dit-elle, mon homme, je   n'ai   plus
um   ihn festhalten   Mein   Mann   sagte sie   mein   Mann   ich nicht habe mehr

de force, je   vais   laisser tout échapper.   - Eh bien! Lâche tout! dit
[---]   Kraft   ich [hier :] werde lassen   alles   entgleiten   Na   gut   Lass los   alles   sagte

le bonhomme, et que le bon Dieu nous aide!   La bonne femme
der   gute Mann   und dass der gute   Gott   uns   hilft   Die   gute   Frau

laissa tomber le   volet,   qui descendit de branche en branche avec
ließ   fallen   den Fensterladen der   hinunterfiel von   Ast   zu   Ast   mit

grand fracas. Les voleurs crurent que c'était le tonnerre; ils se
großem   Lärm   Die   Räuber   glaubten dass das war der   Donner   sie sich

sauvèrent en abandonnant la vache rôtie et leur argent.
retteten   [---]   zurücklassend   die   Kuh   gebraten und ihr   Geld

Quand ils les voient partis,   le bonhomme et la bonne femme
Als   sie   sie   sahen weggegangen der   gute Mann   und die   gute   Frau

descendirent et se mirent à manger la vache. Mais pendant qu'ils
stiegen herunter und sich   setzten zu essen   die   Kuh   Aber   während   dass sie

mangèrent, les voleurs revinrent sur leurs pas. Les voilà   pris.   La
aßen   die   Räuber   kamen zurück auf   ihren Spuren Sie [hier :] waren gefangen Die
                                       retourner sur ses pas = umkehren

bonne femme ne perdit pas la tête.   - Donne-moi ton couteau,
gute   Frau   nicht verlor   [---]   den Kopf   Gib mir   dein   Messer

dit-elle à son homme, et   tire   la langue.   Il donna son couteau,
sagte sie zu ihrem Mann   und streck heraus die   Zunge   Er   gab [ihr] sein   Messer

qui était tout rouillé, et   tira   la langue. La femme se mit à la lui
das war   ganz   rostig   und streckte heraus die   Zunge   Die   Frau   [hier:] fing an zu sie ihm

gratter.   - Qu'est-ce que vous faites donc là, brave femme? demanda
kratzen   Was ist das   was   ihr   macht   also   hier   gute   Frau   fragte

le chef des voleurs.   - Vous voyez, je gratte la langue de mon homme.
der Chef   der   Räuber   Ihr   seht   ich   kratze   die   Zunge   von meinem   Mann

- Pourquoi faire?   - Pour l'empêcher de mourir. Quand on   a   été
  Warum   machen   Um   ihn hindern   zu   sterben   Wenn   man   hat gewesen

gratté comme ça, la mort ne vous peut plus rien.   - Est-ce que vous
gekratzt   wie   dies   der Tod   nicht euch   kann   mehr   nichts   Ob   ihr

ne pouvez pas me gratter aussi?   - Je veux bien. Donnez-moi votre
nicht   könnt   [---]   mich   kratzen   auch   [hier:] ja gerne   Gebt   mir   eure

langue.   Il la lui donna. La bonne femme la coupa. Il s'enfuit en
Zunge   Er sie ihr   gab   Die   gute   Frau   sie abschnitt   Er   flüchtete   [---]

hurlant vers ses compagnons.   - Qu'est-ce que tu as?   - Il veut
schreiend   zu   seinen   Gefährten   Was ist das   was   du hast   Er   will

parler et il ne peut.   - Qu'est-ce que tu as, enfin?   - Le, le, le, le,
reden   und er nicht   kann   Was ist das   was   du hast   schießlich

le…Les voleurs s'imaginèrent que le diable était dans le bois, et ils se
  Die   Räuber   nahmen an   dass   der   Teufel   war   in   dem Wald   und sie sich

sauvent au plus vite   sans rien ramasser.
retteten   so schnell wie möglich   ohne   nichts   einsammeln

Le bonhomme et la bonne femme ramassèrent tout; la somme était
Der   gute Mann   und die   gute   Frau   einsammelten   alles   die Summe   war

assez   considérable. Ils s'en   servent pour faire réparer leur
[hier :] ziemlich   beachtlich   Sie   sich davon   bedienten   um   lassen   reparieren   ihr

maison, achetèrent une nouvelle vache, et, plus tard, quand la bonne
  Haus   kauften   eine   neue   Kuh   und mehr   spät   wenn die   gute

femme voulut faire des rôties au descu   de son mari, elle eut grand
  Frau   wollte   machen [---]   Braten   [hier:] heimlich   von ihrem   Mann   sie   hatte   große

soin de fermer le   haut   de sa porte.
Sorgfalt   zu   schließen den   oberen Teil   von   ihrer   Tür

Le pauvre et le riche
Der   Arme   und der Reiche

Il y avait une fois un riche qui donnait depuis longtemps du travail à
Es dort hatte   ein   Mal   ein   Reicher   der   gab   seit   langer Zeit   [---]   Arbeit   an

un pauvre.   - Il faut que je te récompense de quelque chose,
einen Armen   Es muss sein   dass ich   dich   belohne   mit   etwas

dit un jour le riche; dis-moi ce que tu voudrais avoir.   - Eh bien!
sagte eines   Tages der Reiche   sag mir   das was   du   möchtest   haben   Na   gut

Mon bon monsieur, si vous vouliez m'acheter une vaquette, cela
Mein   guter   Herr   falls   Ihr   wolltet   mir kaufen   eine   kleine Kuh   diese

m'arrangerait très bien. **La vache fut achetée et donnée au pauvre.**
mir käme gelegen sehr gut Die Kuh war gekauft und gegeben dem Armen

Trois jours après le riche alla visiter ses clos. **Il trouva le garçon du**
Drei Tage danach der Reiche ging besuchen seine Weinberge Er fand den Jungen vom

pauvre qui y faisait paître sa vache. Ne le voilà pas content.
Armen der dort ließ weiden seine Kuh Nicht [hier:] er war [---] zufrieden

- Si j'ai donné une vache à ton père, lui dit-il, ce n'est pas
Falls ich habe gegeben eine Kuh [---] deinem Vater ihm sagte er das nicht ist [---]

pour que tu la fasses paître dans mes clos. **Retire-toi et n'y**
damit du sie lässt weiden in meinen Weinbergen Geh zurück und nicht hier

reviens plus. **Huit jours après, le riche retrouva encore la vache**
komm wieder mehr Acht Tage danach der Reiche fand wieder noch einmal die Kuh

dans son clos, toujours gardée par le même petit garçon.
in seinem Weinberg immer noch bewacht von dem gleichen kleinen Jungen

- Cette fois, lui dit-il, je ne te ferai point de grâce. J'irai
Dieses Mal ihm sagte er ich nicht dir werde machen Stelle von Gnade Ich werde gehen

faire point de grâce à quelqu'un = jemanden einfach so davon kommen lassen

demain tuer ton père pour le punir de cette insolence.
morgen töten deinen Vater um ihn [zu] bestrafen für diese Frechheit

Le lendemain il alla, en effet, chez le pauvre, décidé à le tuer; mais le
Am nächsten Tag er ging tatsächlich zu dem Armen entschieden zu ihn töten aber der

pauvre était rusé; il avait tué son cochon, puis il avait barbouillé sa
Arme war listig er hatte getötet sein Schwein dann er hatte beschmiert seine

femme de sang et l'avait fait coucher dans son lit. Le riche, en
Frau mit Blut und sie hatte gemacht [sich] hinlegen in ihrem Bett Der Reiche [---]

entrant chez le pauvre, vit le sang répandu, le lit souillé de sang et
hereinkommend zu dem Armen sah das Blut verbreitet das Bett beschmutzt mit Blut und

la femme couchée dedans et immobile. - Tiens! lui dit-il, tu as tué
die Frau hingelegt darin und unbeweglich Halt ihm sagte er du hast getötet

ta femme? - Oui; elle était si méchante que j'ai voulu la punir. Je
deine Frau Ja sie war so ungezogen dass ich habe gewollt sie bestrafen Ich

l'ai tuée pour trois jours; elle ressuscitera le quatrième. - Elle
sie habe getötet für drei Tage sie wird auferstehen am vierten Sie

ressuscitera? Ah bien! Je vais tuer la mienne pour trois jours aussi; ça
wird auferstehen Na gut Ich gehe töten die meine für drei Tage auch das

lui apprendra à me faire enrager. Il n'en faisait ni une ni deux, il
ihr wird lernen zu mich machen rasend vor Wut [hier:] Er zögerte nicht er

apprendre à vivre à quelqu'un = jemandem eine Lehre sein

rentra chez lui et tua sa femme. Trois jours après, il revint chez le
ging zurück zu ihm und tötete seine Frau Drei Tage danach er kam zurück zu dem

pauvre. - Tu m'as dit que tu avais tué ta femme pour trois jours,
Armen Du mir hast gesagt dass du hattest getötet deine Frau für drei Tage

et je vois qu'en effet elle est ressuscitée. J'ai tué la mienne pour
und ich sehe dass tatsächlich sie ist auferstanden Ich habe getötet die meine für

trois jours aussi et elle ne ressuscite pas.
drei Tage auch und sie nicht aufersteht [---]

- C'est que vous ne vous y êtes pas bien pris. Qu'avez-vous fait
Das ist [hier:] weil Ihr nicht euch dort seid [---] gut genommen Was habt Ihr gemacht
s'y prendre bien avec quelque chose = sich geschickt anstellen bei etwas

pour la ressusciter? -Rien. J'ai tâché de la réveiller, et elle ne
um sie auferstehen [lassen] Nichts Ich habe versucht zu sie aufwecken und sie nicht

bouge pas. - Ce n'est pas comme cela qu'il fallait faire. Pour
bewegt [sich] [---] Das nicht ist [---] wie dies [hier :] wie man muss es machen Für

moi, j'ai une corne tout exprès pour ça. J'ai soufflé avec au cul
mich ich habe ein Horn ganz absichtlich für das Ich habe geblasen damit an den Hintern

de ma femme. Elle se porte à merveille, comme vous voyez, et elle
von meiner Frau Sie sich [hier:] fühlt ausgezeichnet wie Ihr seht und sie

est corrigée. - Combien veux-tu me vendre ta corne?
ist korrigiert [hier:belehrt] [Für] Wieviel willst du mir verkaufen dein Horn

- Cent écus. - Les voici; donne-la moi. Le pauvre donna la
Hundert Taler [hier:] Hier hast du sie gib es mir Der Arme gab [ihm] das

corne. Le richard retourna chez lui et fit l'opération
Horn Der Geldsack [umgangssprachlich] kehrte zurück zu ihm und machte die Handlung

indiquée. La bonne femme continua à ne pas bouger.
genannt Die gute Frau machte weiter mit nicht [---] sich bewegen

Désappointé, il retourna chez le pauvre et le trouva frappant
Enttäuscht er kehrte zurück zu dem Armen und ihn fand schlagend

à coups de fouet sur une marmite, qui bouillit à gros bouillons.
mit Peitschenhieben auf einen Kochtopf der stark brodelte

- Qu'est- ce que tu fais là? - Vous voyez, je fais bouillir ma marmite.
Was ist das was du machst da Ihr seht ich lasse kochen meinen Kochtopf

- A coups de fouet? - Oui. Quand on est pauvre, on économise
Mit Peitschenhieben Ja Wenn man ist arm man spart

autant qu'on peut. - Et ta marmite bout comme ça sans feu, sans
so viel wie man kann Und dein Kochtopf kocht wie da ohne Feuer ohne

bois? - Vous voyez. - Et tu prends pour cela le premier fouet
Holz Ihr seht Und du nimmst für das die erste Peitsche

venu? - Ah! Mais non. Il n'y a que le fouet que vous voyez qui ait
gekommen Ah Aber nein Es gibt nur die Peitsche die Ihr seht die hat
le premier venu = der Erstbeste

cette vertu. - Combien veux-tu me le vendre, ton fouet? - Il n'est
diese Wirkung [Für] Wieviel willst du mir sie verkaufen deine Peitsche Sie nicht ist

pas à vendre. Cependant, si vous y tenez, je veux bien m'en
[---] zu verkaufen Jedoch falls Ihr darauf [hier:] besteht ich will gern mich davon

défaire pour vous. Donnez-moi cent écus et je vous le cède.
trennen für Euch Gebt mir hundert Taler und ich euch sie überlasse

- Les voilà. Donne-moi ton fouet.   Le riche s'applaudissait de son
Hier hast du sie Gib mir deine Peitsche Der Reiche sich beglückwünschte zu seinem

marché, qui allait lui permettre de faire de notables économies.
Kauf der ging ihm erlauben zu machen [---] beachtliche Kostenersparnisse

Arrivé   chez lui, il appela ses domestiques et leur remit le fouet
Angekommen bei ihm er rief seine Hausangestellten und ihnen übergab die Peitsche

en guise de bois pour faire bouillir la marmite. Les domestiques
anstelle von Holz um machen kochen den Kochtopf Die Hausangestellten

fouettèrent, fouettèrent, la marmite ne bouillit pas. Le riche retourna
schlugen schlugen der Kochtopf nicht kochte [---] Der Reiche kehrte zurück

chez le pauvre.   - Ton fouet n'est bon à rien, lui dit-il. On a beau
zu dem Armen Deine Peitsche nicht ist gut für nichts ihm sagte er Man hat schön

fouetté, fouetté la marmite, elle ne veut pas bouillir.
geschlagen geschlagen den Kochtopf er nicht will [---] kochen

- De quelle main a-t-on frappé? demanda le pauvre.   - On a frappé
Mit welcher Hand hat man geschlagen fragte der Arme Man hat geschlagen

de la main gauche.   - Cela ne m'étonne pas que vous n'ayez pas
mit der Hand links Das nicht mich erstaunt [---] dass Ihr nicht habt [---]

réussi.   Il fallait frapper de la main droite, sans quoi le fouet
[es] geschafft Man musste schlagen mit der Hand rechts ohne das die Peitsche

n'opère   pas.
nicht funktioniert [---]

Le riche retourna chez lui, appella de nouveau ses domestiques
Der Reiche kehrte zurück zu ihm rief von neuem seine Hausangestellten

et leur donna ses instructions. Ils frappèrent de la main droite
und ihnen gab seine Anweisungen Sie schlugen mit der Hand rechts

à tour de bras. La marmite ne bouillit pas davantage. Le riche
mit voller Wucht Der Kochtopf nicht kochte [---] viel mehr Der Reiche

était furieux contre le pauvre, qui s'était moqué de lui et lui a
war wütend auf den Armen der sich war lustig gemacht über ihn und ihn hat

extorqué   son argent; il voulait le tuer. Il ordonne à ses
aus der Tasche gezogen sein Geld er wollte ihn töten Er wies an [---] seine

domestiques d'aller le chercher et de l'enfermer dans la bergerie pour
Hausangestellten zu gehen ihn suchen und zu ihn einsperren in einem Schafstall um

le noyer le lendemain. Les domestiques obéirent, et quand le
ihn [zu] ertränken am nächsten Tag Die Hausangestellten gehorchten und als der

berger revint le soir, il trouva le pauvre homme enfermé dans la
Schäfer zurückkam am Abend er fand den armen Mann eingesperrt in dem

bergerie. - Tiens! Q'est-ce que tu fais là? lui dit le berger.
Schafstall Halt Was ist das was du machst hier ihm sagte der Hirte

- Le riche m'a fait mettre ici. Il prétendit que je devais être
Der Reiche mich hat gelassen [hier :] bringen hier Er behauptete dass ich müsste sein

enfermé avec les moutons, parce que je ne savais pas mieux prier
eingeschlossen mit den Schafen weil ich nicht könnte [---] besser beten [zu]

le bon Dieu que ces bêtes-là.
dem guten Gott als diese Tiere hier

- Moi, je sais très bien prier; je prierai pour tous, pour mes bêtes et
Ich ich kann sehr gut beten ich werde beten für alle für meine Tiere und

pour toi; va-t-en. La pauvre s'en alla, mais pas tout seul. Pendant
für dich verschwinde Der Arme ging weg aber nicht ganz allein Während

que le berger priait, il détourna tous les moutons. Il y avait une
dass der Hirte betete er entführte alle [---] Schafe Es dort [hier:] gab einen

foire le lendemain, il alla les vendre et les vendit fort cher:
Markt am nächsten Tag er ging sie verkaufen und sie verkaufte sehr teuer

trois francs le poil! Avec l'argent qu'il en retira, il fit bâtir
drei Franken [Währung] das Fell Mit dem Geld das er davon [hier:] einnahm er ließ bauen

un beau château.
ein schönes Schloss

Un jour que le riche était allé se promener de ce côté, il demanda
Eines Tages [---] der Reiche war gegangen spazieren in dieser Richtung er fragte

pour qui on élevait ce beau château, à qui appartenait cette belle
für wen man errichtete dieses schöne Schloss zu wem gehörte dieses schöne

propriété. - A moi, monseigneur, dit le pauvre. - Qui aurait jamais
Anwesen Zu mir mein Herr sagte der Arme Wer hätte jemals

cru que tu deviendrais si riche? - Rappelez-vous ce que vous
geglaubt dass du würdest werden so reich Erinnert Ihr Euch an das was Ihr

avez ordonné à vos domestiques de me faire? - J'avais ordonné de te
habt angeordnet [---] euren Hausangestellten zu mir machen Ich hatte angeordnet zu dich

jeter à l'eau. - Je suis allé où vous aviez ordonné de m'envoyer, et
werfen in das Wasser Ich bin gegangen wohin ihr hattet angeordnet zu mich schicken und

je suis devenu riche. - Vraiment? Je voudrais bien aller au même
ich bin geworden reich Wirklich Ich möchte gerne gehen zur selben

endroit. - Il ne tient qu'à vous, monsieur; mettez-vous dans ce
Stelle [hier :] Das liegt ganz bei Euch mein Herr steigt in diesen

sac. Le riche se mit dans le sac, on jeta le sac à l'eau et,
Sack Der Reiche stieg in den Sack man warf den Sack in das Wasser und

depuis lors, on n'a jamais revu le riche.
seitdem man nicht hat niemals wieder gesehen den Reichen

50

Merlicoquet

Merlicoquet

Merlicoquet est allé glaner. Il a ramassé trois épis; puis il s'en
Merlicoquet ist gegangen Ähren lesen Er hat [hier:] geerntet drei Ähren dann er [---}

alla frapper à une porte. - Qui est-ce qui est là? - Le bonhomme
ging klopfen an eine Tür Wer ist das der ist da Der gute Mann

Merlicoquet. - Entrez. Qu'est-ce que vous voulez, l'ami?
Merlicoquet Kommt herein Was ist es das Ihr wollt [mein] Freund

- Mettez- moi ces trois épis sur l'ais, je vous en prie. Je viendrai
Legt mir diese drei Ähren auf das Brotregal ich Euch darum bitte Ich werde kommen

vous les redemander. On prit les épis. Quelque temps après,
Euch sie wieder zurückverlangen Man nahm die Ähren Einige Zeit danach

Merlicoquet revint. - Mes épis, s'il vous plaît. - Vos épis? La
Merlicoquet kam zurück Meine Ähren bitte [wörtlich: falls es euch gefällt] Eure Ähren Das

poule les a mangés. - Rendez-moi mes épis ou donnez-moi la
Huhn sie hat gegessen Gebt zurück mir meine Ähren oder gebt mir das

poule. - Il n'y a plus d'épis; prenez la poule.
Huhn Es nicht dort gibt mehr Ähren nehmt das Huhn

Merlicoquet prit la poule et s'en alla frapper à une autre maison.
Merlicoquet nahm das Huhn und [---] ging klopfen an ein anderes Haus

- Qui est-ce qui est là? - Le bonhomme Merlicoquet.
Wer ist es der ist da Der gute Mann Merlicoquet

- Entrez. Qu'est-ce qu'il vous faut? - Voilà une poule qui me gêne,
Kommt herein Was ist das was Ihr braucht Hier ein Huhn das mich stört

ne pourriez-vous pas me la garder? Je reviendrai la prendre.
nicht könntet Ihr [---] mir es hüten Ich werde zurückkommen es holen

- Mettez-la dans la cour avec les autres. Il la laissa et s'en alla.
Bringt es in den Hof [hier:] zu den anderen [Hühnern] Er es ließ [dort] und [---] ging

Quelques jours après il revint. - Ma poule, s'il vous plaît.
Einige Tage danach er kam zurück Mein Huhn bitte

- Votre poule? La jument a marché dessus. - Je vous ai confié ma
Euer Huhn Die Stute hat getreten darauf Ich Euch habe anvertraut mein

poule, vous devez me la rendre. Donnez-moi ma poule… ou la
Huhn Ihr müsst mir es zurückgeben Gebt mir das Huhn oder die

jument. - On ne peut pas vous fournir votre poule, prenez la
Stute Man nicht kann [---] Euch vorzeigen euer Huhn nehmt die

jument. Il emmena la jument et s'en alla frapper à une autre porte.
Stute Er nahm mit die Stute und [---] ging klopfen an eine andere Tür

- Qui est-ce qui est là? - Le bonhomme Merlicoquet.
Wer ist das der ist da Der gute Mann Merlicoquet

- Entrez. Qu'est-ce qu'il y a pour votre service?
Kommt herein Was ist das was es dort gibt für Euren Dienst
Qu'est-ce qu'il y a pour votre service? = Womit kann ich Ihnen dienen ?

- Ne pourriez-vous pas me garder ma jument pour deux jours?
Nicht könntet Ihr [---] mir hüten meine Stute für zwei Tage

- Si ça vous fait plaisir. Mettez-la avec les autres.
Falls das Euch macht Freude Bringt sie zu den anderen [Pferden]

Merlicoquet la laissa et revint au bout de quelques jours.
Merlicoquet sie ließ [dort] und kam zurück am Ende von einigen Tagen

- Ma jument, s'il vous plaît. - Votre jument? La petite l'a noyée
Meine Stute bitte Eure Stute Die Kleine [Tochter] sie hat ertränkt

en la menant à l'abreuvoir. - Ça ne fait pas mon compte, ça.
[---] sie bringend zu der Tränke Das nicht macht [---] meine Rechnung das
Ça ne fait pas mon compte = das ist nicht mein Problem

Rendez-moi ma jument ou donnez-moi la petite. - On ne peut pas
Gebt zurück mir meine Stute oder gebt mir die Kleine Man nicht kann [---]

vous fournir votre jument, prenez la petite. Merlicoquet mit la petite
Euch vorzeigen eure Stute nehmt die Kleine Merlicoquet setzte die Kleine

dans son bissac.
in seinen Rucksack

Il la chargea sur son dos et arriva chez la marraine de la petite fille.
Er ihn nahm auf seinen Rücken und kam an bei der Patentante von dem kleinen Mädchen

- Voudriez-vous me garder mon bissac pour un petit moment?
Möchtet Ihr mir hüten meinen Rucksack für einen kleinen Moment

- Volontiers. Mettez-le là. Merlicoquet déposa son bissac et
Gerne Stellt ihn hierhin Merlicoquet stellte ab seinen Rucksack und

sortit. La marraine faisait en ce moment de la bouillie pour son petit
ging hinaus Die Patentante machte in diesem Moment [---] Brei für ihr kleines

enfant. La bouillie faite, elle dit, comme c'est l'habitude:
Kind Den Brei gemacht sie sagte wie das ist die Gewohnheit

- Qui veut lécher la palette? - Moi, ma marraine, dit une petite
Wer will auslecken den [hier :] Topf Ich meine Patentante sagte eine kleine

voix. - Toi, ma fillette? Où que tu es? - Dans le bissac à
Stimme Du mein Mädchen Wo dass du bist In dem Rucksack von

Merlicoquet. La marraine retira bien vite la petite fille du
Merlicoquet Die Patentante herausholte sehr schnell das kleine Mädchen aus dem

bissac et, pour que Merlicoquet ne s'aperçoive pas de la disparition,
Rucksack und damit Merlicoquet nicht bemerkt [---] [---] das Verschwinden

elle mit à sa place un chat, un chien et une tasse de lait.
sie legte [hinein] an ihrer Stelle einen Kater einen Hund und eine Tasse [---] Milch

Merlicoquet revint et rechargea son bissac. Comme le poids était
Merlicoquet kam zurück und wieder aufhob seinen Rucksack Da das Gewicht war

à peu près le même, il ne s'aperçut de rien.
ungefähr das Selbe er nicht bemerkte [---] nichts

Mais quand le bissac était sur le dos, il lui sembla qu'on s'agita et
Aber als der Rucksack war auf dem Rücken es ihm schien dass man sich bewegte und

qu'on se battit à l'intérieur. En effet, le chat voulait boire le lait, le
dass man kämpfte in dem Innern Tatsächlich der Kater wollte trinken die Milch der

chien mordait le chat et le lait coulait dans le dos de
Hund biss den Kater und die Milch lief [hier:] hinunter den Rücken von

Merlicoquet. - Marotte, vous pissez: s'écria Merlicoquet. Je
Merlicoquet [Schimpfname für Mädchen] Ihr pinkelt rief aus Merlicoquet Ich

vais vous fouetter. Et il déposa son bissac pour couper une petite
gehe Euch auspeitschen Und er setzte ab seinen Rucksack um abschneiden einen kleinen

branche dans la haie afin de fouetter la petite fille, qu'il croyait
Zweig in der Hecke um zu auspeitschen das kleine Mädchen das er glaubte

toujours dans son bissac. Le bissac s'ouvrit, le chat fit un bond, le
immer noch in seinem Rucksack Der Rucksack sich öffnete der Kater machte einen Satz der

chien courut après et Merlicoquet ouvrit de grands yeux pour tâcher
Hund rannte hinterher und Merlicoquet öffnete [---] große Augen um [zu] versuchen

ouvrir de grands yeux = große Augen machen

de deviner comment ce prodige a pu s'opérer.
zu erraten wie dieses Wunder hat gekonnt sich vollziehen

Rindon
Rindon

Il y avait une fois une bonne femme qui avait filé un gros paquet de
Es dort hatte ein Mal eine gute Frau die hatte gesponnen ein dickes Bündel von

fil. Elle avait bien envie d'en faire de la toile, mais les toiliers ne
Faden Sie hatte sehr Lust zu daraus machen ein Tuch aber die Tuchmacher nicht

travaillent pas pour rien. Tandis qu'elle y rêvait un homme
arbeiten [---] für nichts [umsonst] Während dass sie davon träumte ein Mann

entra. - Je te tisserai ta toile pour rien, lui dit-il, si tu peux me
kam herein Ich dir werde weben dein Tuch für nichts ihr sagte er falls du kannst mir

dire mon nom en trois fois. Sinon, la toile sera pour moi. Veux-tu?
sagen meinen Namen auf drei Mal Andernfalls das Tuch wird sein für mich Willst du

La bonne femme lui donna son fil, mais quand il fut parti, elle eut
Die gute Frau ihm gab ihren Faden aber als er war weggegangen sie bekam

peur. - Si c'était le diable! pensa-t-elle. Bon Dieu, bonne Vierge,
Angst Falls das war der Teufel dachte sie Guter Gott gute Jungfrau [Maria]

aidez-moi à deviner son nom! Il faisait un gros vent, qui gaulait
helft mir zu erraten seinen Namen Es machte einen großen Wind der herunterschlug

les branches sèches dans les arbres. Elle s'en alla chercher des
die Äste trockenen in den Bäumen Sie [---] ging suchen [---]

bûchettes dans le bois.
kleine Holzscheite in dem Wald

Tout en ramassant les petites branches que le vent faisait tomber,
[hier :] Gerade als einsammelnd die kleinen Zweige die der Wind ließ herunterfallen

elle écoutait, et il lui semblait que des voix parlaient dans le vent. On
sie hörte und es ihr schien dass [---] Stimmen sprachen in dem Wind Man

entendait comme un toilier qui faisait tisser son métier et
hörte wie ein Tuchmacher der ließ weben seinen [hier:] Webstuhl und

chantait en riant: Cllin, cllas, cllin, cllas! La bonne femme qui est là
sang [---] lachend Cllin cllas cllin cllas Die gute Frau die ist dort

bas, si elle savait que j'eusse nom Rindon, on n'serait pas si
unten falls sie wüsste dass ich habe [den] Namen Rindon man nicht würde sein [---] so

génial.
genial

La bonne femme se douta bien que c'était son tisserand, elle
Die gute Frau sich konnte denken gut dass das war ihr Weber sie
se douter quelque chose = sich etwas denken können

retourna chez elle avec son faix de bûchettes et attendit sans trop
kehrte zurück zu ihr mit ihrer [hier:] Ladung [---] Holzscheite und wartete ohne zu viel

d'inquiétude. Vers le soir notre homme arriva. - La toile est prête,
Sorge Gegen den Abend unser Mann kam an Das Tuch ist bereit

mon nom maintenant? - N'est-ce pas Guillaume?
mein Name jetzt Nicht ist das [---] Guillaume

- Vraiment nennin. - N'est-ce pas Robert?
Wirklich nicht Nicht ist das [---] Robert

- Vraiment nennin. - C'est donc Rindon!
Wirklich nicht Das ist also Rindon

- Tiens, gueuse, voilà ta toile, dit le petit homme
Nimm Dirne [altes Schimpfwort für Frauen] hier ist dein Tuch sagte der kleine Mann

furieux en jetant la toile dans l'aire. Depuis on ne le revit plus.
wütend [---] werfend das Tuch in die Luft Danach man nicht ihn wiedersah mehr

Le remouleur et les bêtes
Der Scherenschleifer und die Tiere

Un soir un remouleur demanda à loger dans une maison pour la
Eines Abends ein Scherenschleifer fragte zu unterkommen in einem Haus für die

nuit. Il avait assez mauvaise tournure et l'on ne se souciait pas de le
Nacht Er hatte [eine] ziemlich schlechte Erscheinung und man nicht war bestrebt [---] zu ihn

54

recevoir. On lui dit que la maison n'était pas bien sûre et que les bêtes
empfangen Man ihm sagte dass das Haus nicht war. [---] sehr sicher und dass die Tiere

pourraient bien venir le manger. - Ce n'est pas gênant, dit-il, et
könnten sehr wohl kommen ihn essen Das nicht ist [---] störend sagte er und

il alla se coucher dans le pressoir. A la première lueur du jour, voilà
er ging sich schlafen legen in der Kelterei Bei dem ersten Schein des Tages siehe da

à la première lueur du jour = bei Tagesanbruch

qu'un loup arriva.
dass ein Wolf ankam

- Tu veux me manger, lui dit-il, je ne peux pas t'échapper. Mais
Du willst mich essen ihm sagte er ich nicht kann [---] dir entkommen Aber

permets-moi de m'amuser encore un peu avant d'être mangé. Le loup
erlaube mir zu mich amüsieren noch ein bisschen bevor zu sein gegessen Der Wolf

y consent. Le remouleur se mit à jouer de l'émoulette. Le
diesem stimmte zu Der Scherenschleifer [hier:] fing an zu spielen mit dem Scherenschleif-Rad Der

loup trouva cela très joli. - Il n'est pas juste que tu aies tout le
Wolf fand dies sehr schön Es nicht ist [---] gerecht dass du habest ganz das

plaisir et moi rien, dit-il au rémouleur. Laisse-moi jouer un peu
Vergnügen und ich nichts sagte er zu dem Scherenschleifer Lass mich spielen ein bisschen

à mon tour. Le remouleur y consent. Le loup faisait tourner
auf meine Reihe Der Scherenschleifer diesem stimmte zu Der Wolf ließ drehen

c'est à mon tour de jouer = ich bin dran mit Spielen

l'émoulette et s'amusa beaucoup.
das Scherenschleif-Rad und sich amüsierte viel

Le rémouleur s'arrangea de manière à ce que le loup eût la patte prise
Der Scherenschleifer stellte sich so dass der Wolf hatte die Pfote gefangen

dedans, et tourna bien vite, bien vite. Le loup cria, mais ne pouvait
darin [im Rad] und drehte sehr schnell sehr schnell Der Wolf schrie aber nicht konnte

se dégager, et le remouleur se sauva. Un autre loup qui entra
sich befreien und der Scherenschleifer flüchtete Ein anderer Wolf der hereinkam

à son tour dans le pressoir trouva son camarade encore pincé.
[hier :] seinerseits in die Kelterei fand seinen Kameraden immer noch [hier:] eingeklemmt

- Qui est-ce qui t'a pris comme ça? - C'était le rémouleur. Il
Wer ist das der dich hat gefangen wie das Das war der Scherenschleifer Er

tournait sa machine; ça m'amusait. Je lui ai dit: Il ne faut pas que
drehte seine Maschine das mich amüsierte Ich ihm habe gesagt Es nicht muss sein [---] dass

tu aies tout le plaisir et moi rien. Il m'a donné l'émoulette, mais
du habest ganz das Vergnügen und ich nichts Er mir hat gegeben das Scherenschleifer-Rad aber

en la faisant tourner, je me suis pris la patte dedans et il s'est sauvé.
[---] es lassend drehen ich mich bin gefangen die Pfote darin und er sich ist geflüchtet

Si vous pouvez me défaire, et si nous pouvons le retrouver, bien sûr
Falls Ihr könnt mich befreien und falls wir können ihn wiederfinden sehr sicher

nous le mangerons. **Son camarade le dégagea et les voilà tous deux**
wir ihn werden essen   Sein Gefährte ihn befreite und sie also alle zwei

courant après le rémouleur. Tout en courant ils rencontrèrent un
laufend hinterher dem Scherenschleifer Ganz [---] laufend sie trafen einen

lièvre, qui avait de petits boulets aux oreilles.
Hasen der hatte [---] kleine [Eisen-]kugeln an den Ohren

- Mon pauvre petit lièvre, qui est-ce qui t'a mis comme ça?
Mein armer kleiner Hase wer ist das der dich hat gemacht wie das

- Un rémouleur qui passait par ici. Un chien courait après moi. Il m'a
Ein Scherenschleifer der vorbeikam [---] hier Ein Hund rannte hinter mir Er mir hat

dit que si j'avais de petits boulets aux oreilles, je courrais bien
gesagt dass falls ich hatte [---] kleine [Eisen-]kugeln an den Ohren ich würde laufen viel

mieux, et il m'a offert de m'en mettre. Je l'ai laissé faire et depuis
besser und er mir hat angeboten zu mir sie anlegen Ich ihn habe gelassen machen und seitdem

je ne sais plus courir du tout. Si vous voulez me défaire, nous courrons
ich nicht kann mehr laufen überhaupt Falls Ihr wollt mich befreien wir werden laufen

ensemble après lui et nous le mangerons.
gemeinsam hinter ihm und wir ihn werden essen

On lui ôta ses boulets et l'on se remit à courir. On rencontra
Man ihm entfernte seine [Eisen-]kugeln und man sich wieder aufmachte zu laufen Man traf

un renard qui avait un ragot dans le derrière.   - Qui est-ce qui
einen Fuchs der hatte einen Angelhaken an seinem Hinterteil Wer ist das der

t'a arrangé comme ça, mon pauvre renard?
dich hat hergerichtet wie das mein armer Fuchs

- C'était le rémouleur. J'étais en train d'attraper des mûres de
Das war der Scherenschleifer Ich war im Zuge zu [hier:] holen [---] Brombeeren vom
être en train de faire quelque chose = gerade dabei sein etwas zu tun

ronce quand il est venu. Il a prétendu qu'il avait un secret pour
Brombeerstrauch als er ist gekommen Er hat behauptet dass er hatte ein Geheimnis um

me faire courir bien vite, et il m'a offert de me l'enseigner, c'était de
mich machen laufen sehr schnell und er mir hat angeboten zu mir es zeigen das war zu

mettre un ragot dans le derrière. Je l'ai cru, je me suis laissé
machen einen Angelhaken an das Hinterteil Ich ihm habe geglaubt ich mich bin gelassen

faire, et voilà que je ne sais plus courir du tout. Si vous voulez me
machen und siehe da dass ich nicht kann mehr laufen überhaupt Falls Ihr wollt mich

défaire, nous courrons après lui et nous le mangerons.
befreien wir werden laufen hinter ihm und wir ihn werden essen

On lui ôta le ragot et voilà les trois animaux courant
Man ihm entfernte den Angelhaken und also die drei Tiere laufend

56

de compagnie sur les traces du rémouleur. Ils l'avisent à la fin. Il
zusammen auf den Spuren vom Scherenschleifer Sie ihn erblickten am Ende Er

avait repris son émoulette. En voyant le loup, il la lui
hatte wieder genommen sein Scherenschleif-Rad Als sehend den Wolf er es [Rad] ihm

montre en la faisant tourner. Le loup se sauva, la queue entre les
zeigte [---] es lassend drehen Der Wolf flüchtete den Schwanz zwischen den

jambes. Il agita les deux boulets qu'il a ramassés, le lièvre
Beinen Er schwenkte die beiden [Eisen-]kugeln die er hat aufgehoben der Hase

se sauva. Le renard s'approcha de lui, il lui montra le ragot, qu'il a
flüchtete Der Fuchs sich näherte [---] ihm er ihm zeigte den Angelhaken den er hat

ramassé aussi, et le renard s'enfuit.
aufgehoben ebenfalls und der Fuchs flüchtete

Weitere Titel dieser Reihe: siehe nächste Seiten

Weitere Titel dieser Reihe

Jules Verne/Melanie Berl: Le docteur Ox/Dr. Ox
Französisch/Deutsch – wörtlich übersetzt –
A 5,   ISBN 978 – 3 – 94 33 94 – 23 – 8 (erscheint 2013)

Oscar Wilde: The Canterville Ghost/Das Gespenst von Canterville
Englisch/Deutsch – wörtlich übersetzt –
45 Seiten, A5,   ISBN 978 – 3 – 94 33 94 – 01 – 6

Arthur Conan Doyle/Katharina Jürgens:
The Lost Special/Der verschollene Sonderzug
Englisch/Deutsch – wörtlich übersetzt –
72 Seiten, A 5,   ISBN 978 – 3 – 94 33 94 – 15 – 3

Edgar Allan Poe/Elke Kublank: The Murders/Der Doppelmord
Englisch/Deutsch – wörtlich übersetzt –
62 Seiten, A 5,   ISBN 978 – 3 – 94 33 94 – 09 – 2

Mark Twain/Katharina Jürgens:
The Thirty Thousand Dollar Bequest/Das Dreißig-Tausend-Dollar-Vermächtnis
Englisch/Deutsch – wörtlich übersetzt –
A 5,   ISBN 978 – 3 – 94 33 94 – 17 – 7 (erscheint 2013)

Miguel de Cervantes: Rinconete y Cortadillo/Rinconete und Cortadillo
Spanisch/Deutsch – wörtlich übersetzt –
A 5,   ISBN 978 – 3 – 94 33 94 – 07 – 8 (in Vorbereitung)

Vicente Blasco Ibañez: La barca abandonada/Das verlassene Boot
Spanisch/Deutsch – wörtlich übersetzt –
A 5,   ISBN 978 – 3 – 94 33 94 – 25 – 2 (in Vorbereitung)

Grazia Deledda/Alessia Valdarno: Una notte spaventosa/Die schreckliche Nacht
Italienisch/Deutsch – wörtlich übersetzt –
A 5,   ISBN 978 – 3 – 94 33 94 – 21 – 4 (erscheint 2013)

Deutsch für französische Leser:

Johann Peter Hebel/Isabelle Schweitzer: Der listige Kaufmann/Le marchand rusé
Deutsch/Französisch – wörtlich übersetzt –
A 5,   ISBN 978 – 3 – 94 33 94 – 63 – 4 (erscheint 2013)

Deutsch für polnische Leser:

Johann Peter Hebel/Sylwia Ragan: Der listige Kaufmann/Podstępny kupiec
Deutsch/Polnisch − wörtlich übersetzt −
62 Seiten, A 5,   ISBN 978 − 3 − 94 33 94 − 61 − 0

Reihe Standard-Übersetzung
 − links Fremdsprache, rechts eigene Sprache

Selma Lagerlöf: Tösen från Stormyrtorpet/Das Mädchen vom Moorhof
Schwedisch/Deutsch
Links Schwedisch, rechts Deutsch
112 Seiten, A 5,   ISBN 978 − 3 − 94 33 94 − 05 − 4

Selma Lagerlöf: Tösen från Stormyrtorpet/The Girl from the Marsh Croft
Bilingual Reader − Swedish/English,   Left Side Swedish − Right Side English
106 Seiten, A 5,   ISBN 978 − 3 − 94 33 94 − 50 − 4

Harald Holder Verlag, Augsburg

www.holder-augsburg-zweisprachig.de